Mein Zuhause spiegelt mich

param

Louise Kranawetter

Mein Zuhause spiegelt mich

Die Spiegelgesetz-Methode öffnet Türen

param

Bibliografische Information der Deutschen Nationalbibliothek

Die Deutsche Nationalbibliothek verzeichnet diese Publikation
in der Deutschen Nationalbibliografie;
detaillierte bibliografische Daten sind im Internet über
http://dnb.d-nb.de abrufbar.

Gestaltung ComGraphiX, Ahlerstedt
Gesamtherstellung Finidr, Cesky Tesin

ISBN 978-3-88755-316-6

www.param-verlag.de

Vorwort

*A*lles in meinem Zuhause spiegelt mich und mein Befinden. Ich bin es, die alles in meinem Leben erschafft. Ich bin es, die mein Zuhause zu dem gemacht hat, was es ist. Alle meine Lebenserfahrungen, meine Überzeugungen, meine Glaubenssätze, meine Vorlieben und Abneigungen schlagen sich tagein, tagaus in meinem Zuhause nieder. Und deshalb kann mir mein Zuhause viel über mich erzählen und mir helfen, meine Probleme zu lösen. Mein Zuhause ist nun mal so, wie es ist. Und wenn ich mich dafür öffne und unvoreingenommen hinsehe, kann es mir viel Hilfreiches über mich erzählen.

Mein Zuhause kann mir helfen, meine Probleme zu lösen

Sie kennen das Prinzip von Ursache und Wirkung? Es bestimmt das alltägliche Leben so sehr, dass es sich in vielen Spruchweisheiten zeigt: »Wie man in den Wald hinein ruft, so schallt es zurück«; »Der Apfel fällt nicht weit vom Stamm«; »Wie man sät, so erntet man«; »Wie du mir, so ich dir.« Wir wissen, dass wir nass werden, wenn wir bei Regen ohne Schirm gehen. Und wir wissen, dass die Tasse zu Boden fällt, wenn man sie loslässt. Und wir wissen auch, wie unterschiedlich unsere Umwelt reagiert, wenn wir lächelnd durchs Leben laufen oder griesgrämig und finster dreinblicken.

Wenn wir das Gesetz von Ursache und Wirkung umkehren, ist es ganz einfach, Rückschlüsse zu ziehen. Es klingt banal, dass die Tasse zerbrochen ist, weil ich sie habe fallen lassen. Doch zu erkennen, dass mir viele aus dem Weg gehen, weil ich immer griesgrämig und finster dreinblicke, erfordert schon etwas Bereitschaft und vielleicht auch ein bisschen Übung.

Glauben Sie mir, jeder kann lernen, die Geschehnisse und Zustände im alltäglichen Leben zu verstehen und erfolgreich zu nutzen. Ich lade Sie ein, sich den Spaß zu machen und die Botschaften zu entschlüsseln, die Ihr Zuhause als Spiegelbild Ihrer selbst für Sie hat. Dabei ist es ganz gleichgültig, ob Sie im eigenen Haus wohnen oder zur Miete, ob Sie Ihr Haus selbst gebaut oder fertig gekauft haben, ob Sie allein darin leben oder mit anderen Personen.

Die Betonung liegt auf Spaß, denn Sie mögen das Ganze bitte mit liebevollem Blick betrachten. Wir neigen manchmal dazu wegzuschauen, wenn etwas unangenehm ist. Nur wird davon nichts besser. Betrachten Sie das Leben als ein abenteuerliches Spiel und schmunzeln auch mal über eigene Unzulänglichkeiten oder merkwürdige Mitmenschen. Das macht es leichter. Auch, wenn es Ihnen manchmal vielleicht anders scheint, Sie sind, wie wir alle, auf der Welt, um glücklich zu sein. Also danken Sie lieber Ihrem Zuhause und lieben es, weil es Ihnen helfen kann, Ihr Leben bewusster zu leben, und das heißt, mit mehr Freude.

Die Anwendung der Spiegelgesetz-Methode ist ein Spiel. Gehen Sie spielerisch daran, die Dinge um Sie herum zu befragen, was sie Ihnen erzählen wollen. Es ist ein großer Spaß, sich selbst zu erkennen. Doch es steckt auch viel Weisheit darin. Denn nach und nach erkennen wir, dass alles Sichtbare ein Gleichnis ist. Unter der Oberfläche verbirgt sich ein Geheimnis. Und dieses Geheimnis wartet darauf, von Ihnen entdeckt zu werden.

Die Spiegelgesetz-Methode

Bei ruhiger und besonnener Betrachtung ist leicht zu verstehen, dass alles um mich herum Ausdruck meines Daseins ist. Wenn aber das im Außen nicht so erfreulich ist, wie ich es mir wünsche, entsteht – meist unbewusst – ein innerer Widerstand dagegen, das einzusehen und vor allem, diese Einsicht zur Veränderung zu nutzen.

Die Spiegelgesetz-Methode von Christa Kössner ist ein Hilfsmittel, unseren Lebensalltag zu bereichern. Wenn wir die Umstände betrachten und anerkennen, dass sie uns spiegeln, öffnen wir den Blick für Denkstrukturen, die unbewusst in uns wirksam sind und die ungeliebte

Alles um mich herum ist Ausdruck meines Daseins

Umstände gegen unseren (bewussten) Willen zulassen und sogar aktiv mit erschaffen. Sie glauben das nicht?

Wie oft haben Sie schon erlebt, dass Sie nur das Beste wollten und nichts Erfreuliches dabei herausgekommen ist? Und sicher fallen Ihnen auch schnell ein paar Menschen ein, die sich bemühen und auch begabt sind und doch kein Bein auf die Erde bekommen. Außenstehende sehen, wie sich diese Menschen immer wieder selbst Knüppel zwischen die Beine werfen, doch sie selbst merken das nicht.

Mit der Spiegelgesetz-Methode kann jeder sein Leben aktiv gestalten. Sie ist leicht zu erlernen und kann jederzeit an jedem Ort schnell und konkret umgesetzt werden. Besonders wenn Sie Ärgernisse und Schwierigkeiten haben, die Ihr Leben immer wieder belasten, können Sie mit dieser einfachen und leicht anzuwendenden Kurzzeit-Therapie-Methode die Sache selbst in die Hand nehmen. Der Vorteil ist, dass Sie in der aktuellen Situation augenblicklich Selbsterkenntnis gewinnen können, was Sie in die Lage versetzt, sich aus der Opferrolle zu

befreien und sich von alten Verhaltensmustern zu verabschieden. Auch wenn Sie sich in einer unerfreulichen
Situation befinden, können Sie mit dieser Methode doch
ein Geschenk für sich darin entdecken. Sie bekommen
eine Anleitung, sich selbst zu helfen, und können dann
wählen, statt immer nur getrieben zu sein.

Sie lernen in diesem Buch die vier Schritte kennen,
die Ihnen den Schlüssel zur Lösung in die Hand legen:

1 (das Problem) beschreiben
2 akzeptieren und entschlüsseln
3 danken und aufgeben
4 (eine) neue Idee (entwickeln)

Mit diesem einfachen Werkzeug können Sie die Spie-
gelbilder in Ihrem Leben entschlüsseln, und durch diese
Erkenntnis lassen sich dann die negativen Situationen
Schritt für Schritt auflösen. Die Spiegelgesetz-Methode
ist universell anwendbar, denn wirklich alles und jedes
spiegelt mich. In diesem Buch richten wir die Betrachtung
aber auf das Zuhause, unsere Wohnung oder unser Haus.
Nicht von Ungefähr ist das Haus mit seinen verschiedenen
Etagen, dem Keller und dem ›Oberstübchen‹ ein Symbol
für unsere Seele. Lassen Sie sich überraschen, was sich
in Ihrem Zuhause alles entdecken lässt und wie Ihnen
diese Entdeckungen helfen können, »Herr im Haus« zu
werden.

Den Blick schärfen

Unsere Umwelt ist so voller sinnlicher Reize, dass wir sie unmöglich alle wahrnehmen können. Deshalb registrieren wir nur, was ›wichtig‹ ist. Natürlich bestimmen wir selbst, was für uns wichtig ist, aber gewöhnlich tun wir das nicht absichtsvoll und bewusst. Manchmal nehmen wir auch etwas ›zufällig‹ wahr. Wir können tagein, tagaus den immer gleichen Weg gehen und eines Tages entdecken wir irgendein architektonisches Detail an irgendeinem Haus und sagen: »Das habe ich ja noch nie gesehen.«

Wohl gemerkt, unsere Sinnesorgane nehmen alle Details auf, aber unser Wahrnehmungsapparat wählt aus der unglaublichen Fülle von Reizen die wenigen aus, die wir verarbeiten können. Deshalb ist es notwendig, unsere Aufmerksamkeit auf etwas zu richten, um es ganz bewusst und genau wahrnehmen zu können. Das ist wie beim Auge. Im Zentrum des Sehfeldes ist das Bild scharf, zum Rand hin wird es immer unschärfer. Wir müssen also das Zentrum unserer Aufmerksamkeit, den Fokus, wie man heute gerne sagt, auf das richten, was wir betrachten wollen.

Und wir müssen noch etwas tun. Wir müssen dem ewigen Kommentator ein Pflaster über den Mund kleben.

In unserem Kopf gibt es eine Stimme, die zu allem und jedem ihren ›Senf abgibt‹. Wenn wir beispielsweise etwas sehen, sagt sie gleich, ob das schön oder hässlich ist und so weiter. Mit diesem schnellen Urteil neigen wir dann dazu, gar nicht weiter hinzuschauen, denn die Sache ist ja ›erledigt‹. Schauen Sie also ganz unvoreingenommen hin und betrachten die Dinge, wie sie sind, ohne ein subjektives Urteil, ohne Abscheu oder Begehren, ohne Triumph oder Schuldgefühl.

Mit diesem fokussierten und unvoreingenommen Blick nähere ich mich meinem Haus wie ein Fremder von außen. Befindet sich mein Zuhause in einem Mietshaus, in dem ich eine Wohnung habe? Wie groß ist das Haus? In welchem Stockwerk wohne ich? Ober bewohne ich ein Einfamilienhaus? Ist es ein Reihenhaus, eine Doppelhaushälfte *Betrachten Sie die Dinge, wie sie sind* oder ein Einzelhaus? Ist das Haus groß oder klein, alt oder neu, modern oder konventionell, reparaturbedürftig oder gut in Schuss? Wie ist die Umgebung? Natur- oder stadtnah, weitläufig oder gedrängt, ruhig oder quirlig, freundlich oder bedrückt? Wie viele Personen leben in dem Haus? Ist meine Beziehung zu den Mitbewohnern gut oder eher gespannt? Ist es mein Traumhaus oder mehr eine Notlösung? Wie lange wohne ich schon in dem Haus? Möchte ich noch lange wohnen bleiben oder lieber mal umziehen? Passt das Haus zu mir? Entspricht es meinem Wesen? Wie kommt es, dass ich gerade in diesem Haus lebe?

Vielleicht stellen Sie fest, dass Sie ja eigentlich in einem ganz anderen Haus leben wollten. Und es mag tausend Gründe geben, die dazu geführt haben, dass Sie nun aber in diesem Haus wohnen. Auch alle diese Gründe können Sie betrachten. Aber alles läuft immer wieder nur auf eine Tatsache hinaus: »Dieses Haus ist mein Haus.« Wenn Sie mit dem Haus nicht zufrieden sind, es lieber anders hätten oder ganz woanders wohnen möchten, dann gibt es sicher ganz viele Gründe und wahrscheinlich auch einige Leute, die daran ›Schuld sind‹, dass Sie trotzdem in diesem Haus wohnen, dennoch geht nichts davon ab: »Dieses Haus ist mein Haus, also spiegelt es *mich*.«

Eine kleine Übung An dieser Stelle wäre es gut, eine kleine Übung zu machen, um den neuen Blick auf die Dinge zu vertiefen. Nehmen Sie sich jetzt oder später ein paar Minuten Zeit und lassen Ihr Haus auf sich wirken. Lehnen Sie sich innerlich zurück und lassen Ihr Zuhause in allen Einzelheiten vor Ihrem inneren Auge auftauchen. Schauen Sie es sich in Ruhe an und nehmen dann Stift und Papier und beschreiben es, wie Sie es einem Freund in einem Brief beschreiben würden.

Passt mein Haus zu mir?

Nachdem Sie sich Ihr Zuhause so fokussierten und unvoreingenommen angesehen haben, können Sie sich eine erste Frage stellen. Vielleicht haben Sie noch niemals zuvor Ihr Haus so genau und ohne vorschnelle Bewertungen angeschaut. Wenn Sie es wirklich richtig gemacht haben, dann sehen Sie Ihr Haus jetzt, wie es ein Fremder sehen würde, der weder Sie noch all die Gründe und Umstände kennt, warum Sie ausgerechnet in diesem Haus wohnen, das ausgerechnet dort steht, wo es steht, und ausgerechnet so aussieht, wie es aussieht.

Sehen Sie Ihr Haus, wie es ein Fremder sehen würde

Nun fragen Sie sich: »Passt mein Haus zu mir?« Mit passen ist gemeint, ob es Ihrem Wesen entspricht. Zwei Beispiele sollen zeigen, wie das gemeint ist. Ein Unternehmer mit einem gut gehenden Geschäft wohnt mit seiner Frau und drei Kindern in einem renovierungs-bedürftigen Einfamilienhäuschen. Passt das? Ein kleiner Angestellter wohnt mit seiner Lebensgefährtin in einer Acht-Zimmer-Villa. Passt das?

Verstehen Sie es nicht falsch. Es geht nicht darum, ob dem jeweiligen Hausbesitzer sein Haus gegönnt sei. Die Frage ist, ob das Haus zu ihm passt oder ob vielleicht etwas kompensiert wird. Schämt sich der Geschäftsmann seines Vermögens? Will der Angestellte etwas vorgeben, das er nicht ausfüllt?

Das ist die erste Frage, die Sie sich stellen können:
»Passt mein Haus zu mir?«

Sie merken schon, ein wenig Mut gehört dazu. Sie können es wagen, weil es ja niemand erfährt, wenn Sie es für sich behalten. Wenn Sie sich selbst betrachten, wie Sie sich fühlen, erleben, sehen, und das mit dem Haus vergleichen, in dem Sie leben, dann lässt das Rückschlüsse zu. Haben Sie Fähigkeiten, Ideale, Ziele, Ansprüche, die sich in Ihrem Haus nicht wiederfinden? Dann hat das nichts mit dem Haus zu tun, denn: »Dieses Haus ist mein Haus, also spiegelt es mich.«

Die Eigenschaften Ihres Hauses verraten Ihnen etwas über Ihre Geisteshaltung. Natürlich können Sie umziehen, Ihr Haus renovieren und alles ändern, was Sie stört. Das wird aber nur kurze Zeit wirken. Nach und nach wird sich wieder der alte Zustand einstellen, solange Sie Ihre Geisteshaltung beibehalten. Wenn Sie Ihr Leben anders haben wollen, dann müssen *Sie* sich ändern. Wenn sich Ihre Geisteshaltung ändert, dann wird sich – unter anderem – auch Ihr Zuhause ändern. Auch dafür kennen wir doch genügend Beispiele, dass arme Leute in einer bescheidenen Wohnung mit viel Liebe und Achtsamkeit eine wunderbare Atmosphäre schaffen können, in der alle Unzulänglichkeiten verblassen, während reiche Leute in einer Luxusvilla wohnen können, die nicht den kleinsten Makel hat, und doch fühlt man Kälte und Unzufriedenheit in ihrem Zuhause. Es ist die innere Haltung, die sich in den äußeren Gegenständen und Gegebenheiten manifestiert. Das gleiche Kompliment kann aus dem einen Mund verlogen und aus dem anderen warm und voller Liebe klingen. Es ist die Geisteshaltung dahinter, die den Äußerlichkeiten ihren Wert gibt.

Schädigende Denkmuster

Wenn Sie feststellen, dass Ihre Lebensumstände anders sind, als sie sein sollten, Ihre Bemühungen den gewünschten Erfolg vermissen lassen, Ihr Leben in Bahnen verläuft, die an Ihren Zielen vorbei führen, dann gibt es nur einen Grund dafür: Ihre Geisteshaltung. Damit ist nicht gemeint, was man gemeinhin Gesinnung nennt, sondern die Denkmuster, die Ihren Geist und damit Ihr Handeln prägen.

Es gibt schädigende Denkmuster, die wir in unserem Unterbewusstsein abgespeichert haben und die unser Denken negativ beeinflussen können, wobei negativ meint, dass unsere Gedanken nicht zu den Handlungen führen und die Erfolge bringen, die wir erreichen wollen.

Es ist nicht wichtig, zu wissen oder gar zu verstehen, warum das so ist und wie diese schädigenden Denkmuster in unser Unterbewusstsein hineingekommen sind, wichtig ist nur, sie aufzulösen, damit unser Denken frei wird, zu angemessenen Handlungen führt und dadurch auch die gewünschten Auswirkungen erbringt.

Verläuft Ihr Leben in Bahnen, die an Ihren Zielen vorbeilaufen?

Wichtig ist allein, aufmerksam und unvoreingenommen hinzuschauen, um die schädigenden Denkmuster zu finden, zu erkennen und zu benennen, um dann den Entschluss zu fassen, sie aufzugeben.

Um das zu erreichen, ist es übrigens ganz gleich, in welchen Spiegel Sie schauen, sei es Ihr Auto, Ihr Haustier, die Menschen um Sie herum, Ihre Krankheiten, Ihre Hobbys oder eben Ihr Haus. Sie sehen in jedem dieser Spiegel immer das, was sich infolge Ihrer Geisteshaltung im Außen manifestiert. Grundsätzlich *alles* spiegelt Sie. Und das gilt selbstverständlich nicht nur für Negatives, sondern gleichermaßen auch für alles Erfreuliche.

Jeder Mensch hat eine Ausstrahlung, sagt man. Eigentlich kann das jeder feststellen. Wir sprechen von einem finsteren Typen oder einer lichten Gestalt und beschreiben damit die Ausstrahlung. Jeden Menschen umgibt eine Schwingung. Sie wird von den Gedanken erzeugt, die ihn erfüllen. Und welche Gedanken ein Mensch denkt, ist von seiner Einstellung geprägt.

Stellen Sie sich vor, Sie wünschten sich ein neues Auto einer ganz bestimmten Marke, stellen aber fest, dass Ihnen für dieses Traumauto das Geld fehlt. Also legen Sie Ihren Wunsch als schönen Traum beiseite. In Ihrem Inneren träumen Sie allerdings unterbewusst weiter. Was wird nun geschehen? Sie werden in Ihrem Alltag immer wieder Ihrem Traumauto begegnen. Es überholt Sie auf der Autobahn, es steht im Parkhaus neben Ihrer alten Rostlaube, es fährt in der Werbung über Ihren Fernsehschirm. Weil Ihre Aufmerksamkeit (unbewusst) auf genau dieses Auto dieser Marke gerichtet ist, kommt es Ihnen bald so vor, als führe jeder Ihr Traumauto – nur eben Sie nicht. Ist das nicht gemein und ungerecht?

Für dieses Beispiel ist absichtlich ein Auto gewählt. Natürlich gilt das ganz genau so für Ihren Traumpartner oder Ihr Traumhaus. Oder nehmen wir die Schwingung »Schwangerschaft«. Wenn Sie eine Frau sind und sich ein Kind wünschen, sehen Sie überall Schwangere. Es kommt Ihnen vor, als sei alle Welt schwanger – nur Sie nicht. Oder wenn Sie als Mann gerade Vater geworden sind und den Kinderwagen durch die Gegend schieben, sehen Sie dauernd Männer, die einen Kinderwagen schieben – aber vielleicht auch Männer, die den Kinderwagen von ihrer Frau schieben lassen.

Sie können jede beliebige andere Situation nehmen. Wenn Sie in einer bestimmten Schwingung sind, erleben Sie, dass Sie im Außen ständig mit dem Thema konfrontiert werden. Interessant dabei ist, dass wir uns selbst nicht immer im Klaren darüber sind, welche Schwingung uns tatsächlich erfüllt. Nehmen wir an, Sie wollen keine Kinder haben, erleben jedoch in Ihrem Bekanntenkreis eine Schwangerschaft nach der anderen. Sie blättern in einer Zeitschrift und sehen überall ganzseitige Anzeigen für Baby-Artikel. Sie stehen an einer roten Ampel, blicken zur Seite und sehen ein Spielwarengeschäft. Ihr Personalchef lässt Sie kommen und eröffnet Ihnen, dass Sie den Posten einer Kollegin übernehmen sollen, die in den Schwangerschaftsurlaub geht. Wollen Sie wirklich selbst keine Kinder haben?

Es ist ganz gleichgültig, ob Sie in der jeweiligen Schwingung positiv eingestellt sind oder negativ und ob Ihnen diese Schwingung bewusst ist oder nicht. Sie erleben im Außen immer nur das, was in Ihnen ist. Wenn Sie also etwas verändern und die Dinge in Fluss bringen wollen, ist es vorrangig wichtig, die Dinge zu betrachten, die Sie ärgern, die Ihnen Sorgen bereiten, die Sie emotional belasten. Dann können Sie mit der Spiegelgesetz-Methode neue Einsichten gewinnen und sich von alten, blockierenden Glaubensmustern befreien. Wenn ein schädigendes Denkmuster entdeckt und erlöst ist, ändert sich ganz automatisch auch die Schwingung, die Sie aussenden, und in der Folge davon verändern sich auch die Umstände im Außen zum Guten.

Der erste Eindruck

Nachdem Sie den aufmerksamen und unvoreingenommenen Blick kennen gelernt haben, knüpfen wir wieder bei der Frage an: »Passt mein Haus zu mir?« Nehmen Sie noch einmal die Perspektive des ersten Eindrucks ein, betrachten Ihr Haus und fragen sich, ob das, was sich Ihnen mit dem Blick eines Fremden da im Außen zeigt, dem entspricht, wie Sie sich sehen.

Wo steht mein Haus? Wie wirkt die Umgebung auf den Betrachter? Ist es einsam gelegen? Wo ist mein nächster Nachbar? – Wie schwer ist es für andere, mich zu finden, mich zu besuchen? Mag ich es, unter Menschen zu sein? Bin ich vielleicht eher scheu im Umgang mit Menschen? Pflege ich meine Kontakte oder lebe ich lieber zurückgezogen? Mische ich mich eher selten unters Volk?

Gewährt mein Haus direkt Einblick oder versteckt es sich hinter einem hohen Zaun, einer Mauer, einer Hecke, dichtem Gebüsch? Verstecke ich mich hinter einer Hecke, vielleicht gar einer Dornenhecke? – Wie zugänglich bin ich für andere Menschen, wie kontaktfreudig? Wie steht es um meine Offenheit, mein Vertrauen, meine Sicherheit, meine Freiheit? Wovor will ich mich schützen? Was will ich verbergen?

Ist der Eingang meines Hauses leicht zu finden? Zeige ich dem Suchenden meine Hausnummer? – Gebe ich mich zu erkennen oder halte ich mich gern im Hintergrund? Bin ich in Gesellschaft eher der Betrachter am Rande.

In welchem Stil ist Ihr Haus gebaut? Ist es imposant? Hat es mächtige, geschnitzte Balkone? Ein geschmiedetes Tor? Einen wackeligen Zaun mit schlecht schließender Pforte? Macht es einen düsteren oder eher freundlichen Eindruck? – Wie zeige ich mich der Welt? Bin ich eine imposante Persönlichkeit oder brauche ich diese imposante Fassade als Kompensation? Wofür? In welchem Bereich meines Lebens ist meine Darstellung nach außen gestört?

Blättert irgendwo der Putz? Ist das Haus renovierungsbedürftig? – Blättert auch bei mir der Putz, habe ich in der letzten Zeit in irgendeinem Bereich meines Lebens Federn lassen müssen? Bin ich selbst sozusagen renovierungsbedürftig, also brauche ich Erholung? Sollte ich mal Urlaub machen, ausspannen, etwas für mich tun? Oder mache ich mir nichts aus der äußeren Form? Bin ich ein Mensch, der das Einfache, das Naturbelassene liebt? Kann es sein, dass ich es für wenig wert erachte, die ›Fassade‹ zu pflegen? Bin ich es mir nicht wert, mich zu renovieren?

Es gibt sogar Menschen, die ihr Haus außen absichtlich verwahrlosen lassen, damit niemand im Inneren
Wertvolles vermutet. – Habe ich etwas zu verbergen?
Soll niemand wissen, wie es in mir aussieht? Fürchte
ich mich vor Einbrechern, die meine ›inneren Werte‹
stehlen könnten?

Ist das Dach defekt oder ist eine Dachrinne leck oder
verstopft? – Das Dach ist das Haupt des Hauses. Bin ich
also undicht im Kopf, vergesse so manches und bin oft
unkonzentriert? Drängen sich mir laufend neue Gedanken
auf, die ich gar nicht verarbeiten kann? Lasse ich mich
leicht beeinflussen? Schiebe ich zu erledigende Dinge
gerne vor mir her? Ist mein Kopf überlastet (verstopft)?
Mache ich mir in irgendeinem Bereich meines Lebens
zu viele Gedanken? Will ich zu viele Dinge auf einmal
erledigen? Oder ist meine Geisteshaltung verstopft, also
scheue ich neue Gedanken? Habe ich »eins aufs Dach
bekommen«? Ist mir etwas »aufs Dach gefallen«? Be-
dache, das heißt, beschütze ich mich und meine Lieben
nicht gut?

An dieser Stelle wäre wieder eine **_Eine kurze_**
kurze Besinnung gut. Bei den vorange- **_Besinnung_**
gangenen Fragen ist Ihnen sicher das
eine oder andere aufgestoßen und es hat sich eine kleine
Mängel-Liste in Ihrem Kopf gebildet. Nehmen Sie sich
jetzt oder später etwas Zeit und schreiben eine Liste von

Eigenschaften, die Sie an Ihrem Haus oder Ihrer Wohnung stören oder ärgern und wenn Sie eine Idee haben auch, welche Mängel in Ihrem Lebensfeld wohl dazu passen. Im weiteren Verlauf können Sie diese Liste bearbeiten, ändern oder ergänzen und die Mängel an Ihrem Zuhause nach und nach entschlüsseln, je mehr Sie sich mit der Spiegelgesetz-Methode vertraut machen.

Die Methode

*E*s ist nicht der Zweck dieses Buchs, irgendwelche Wohnsituationen zu kritisieren und Mängel aufzuspießen. Das Ziel ist vielmehr, den aufmerksamen und unvoreingenommenen Blick einzuüben und die Gegenstände und Sachverhalte um einen herum wahrzunehmen, wie sie nun einmal sind, nicht um sich »das Maul darüber zu zerreißen«, sondern um einen Blick hinter die Kulisse zu tun, hinter die oberflächlichen Urteile und Verurteilungen, von denen wir ständig umgeben sind, und tiefer auf die eigentlichen Ursachen zu blicken, um sie zu *Oberflächliche Urteile durch frische Ideen ersetzen* erlösen und durch frische, neue Ideen zu ersetzen, die unserem Leben einen anderen Dreh geben.

Die Spiegelgesetz-Methode von Christa Kössner bietet eine Anleitung dafür, bei der das ausgewählte Problem in vier Schritten gewürdigt wird

1 (das Problem) beschreiben
2 akzeptieren und entschlüsseln
3 danken und aufgeben
4 (eine) neue Idee (entwickeln)

Bruno ärgert sich über das defekte Dach

Um diese Vorgehensweise näher zu verdeutlichen, betrachten wir das Beispiel von Bruno. Bruno ärgert sich über das defekte Dach seines Hauses.

1 Beschreiben

Das Dach ist undicht. Es regnet durch. Auf dem Dachboden ist alles durchgeweicht und es stinkt. Der Sturm reißt Dachziegel weg.

2 Akzeptieren und entschlüsseln

Bruno macht sich bewusst und akzeptiert, dass er selbst sich das defekte Dach »ins Leben geholt« hat, also weder das schlechte Wetter noch der längst verstorbene Dachdecker oder die Umweltpolitik in Berlin schuld daran ist. Stattdessen entschlüsselt Bruno die genannten Eigenschaften, um die Geschenke freizulegen, die sich darin verbergen.

So bedeutet undicht eben auch, dass es offen ist; durchweicht schließt aufnehmen, zulassen und nachgeben ein; für stinken findet er naturbelassen; und wegreißen bedeutet auch freilegen und enthüllen und verweist auf große Kraft. Und das sind Brunos Geschenke: Er ist ein naturbelassener Mensch mit viel Kraft, alles freizulegen und zu enthüllen. Er hat ein offenes Wesen, kann gut zulassen und nachgeben und nimmt jeden Gedanken, jede Idee gerne auf.

Allerdings sieht es in Brunos Leben anders aus. Offensichtlich vermeidet er es, diese Fähigkeiten auszuleben. Wie kommt das? Wenn sich Bruno diese Frage stellt, dann ›hört‹ er eine Stimme in sich, die vielleicht sagt: »Das geht doch nicht. So ein Mann ist unglaubwürdig.« – *Na und, dann bist du eben mal unglaubwürdig. Was macht das schon.* – »Da würde ich mich ja zum Gespött machen.« – *Na und, dann machst du dich eben zum Gespött, was macht das schon.* – »Dann nimmt mich niemand mehr für voll.« – *Na und, was macht das schon.* – »Dann bin ich endgültig beruflich pleite. Es ist eh schon schwer genug, als freier Journalist seine Brötchen zu verdienen.«

Sie sehen, es ist ganz einfach. Sie hören zu, was Ihre innere Stimme einwendet. Dann entkräften Sie diesen Einwand mit: *Na und, dann... Was macht das schon.* Das provoziert den nächsten Einwand, den Sie wieder entkräften, was den nächsten Einwand provoziert. So gehen Sie der Sache Schritt für Schritt auf den Grund. In diesem Fall zeigt sich, dass Bruno Angst hat, beruflich zu versagen, wenn er sich so zeigt, wie er ist.

Seine Geisteshaltung ist: »Heute will man keine Enthüllungen mehr veröffentlichen. Das schadet letztlich dem Autor. Die Zeitung hat natürlich den Vorteil der hohen Auflage, aber der Autor wird später nur noch gemieden. Der bekommt keinen Auftrag mehr und kann sehen, wo er bleibt. Nur Angepasste haben eine Chance.«

Das ist eindeutig ein schädlicher Glaubenssatz, der Bruno blockiert. Solange er für wahr hält, dass nur Angepasste eine Chance haben, muss er sich anpassen, muss er seine wahre Natur leugnen, ist er zwangsläufig frustriert und fristet auf Dauer ein eher unscheinbares berufliches Dasein, immer am Minimum.

3 Danken und aufgeben

Nun macht sich Bruno bewusst, dass er selbst sich diesen schädlichen Glaubenssatz einprogrammiert hat. Somit hat er sich auch alle daraus resultierenden Erlebnisse selbst in sein Leben geholt. Er dankt allen Spiegeln, in diesem Beispiel also dem defekten Dach, dass er dank seiner Hilfe seine Geschenke finden konnte. Dann verabschiedet er mit einem kleinen Feuer-Ritual* ein für allemal seinen schädlichen Glaubenssatz.

4 Neue Idee

Durch die Verabschiedung des alten, negativen Glaubens entsteht eine Lücke. Eine neue Idee zu entwickeln bedeutet, dass Bruno nun einen neuen, positiven Leitspruch wählt, den er in diesen Freiraum pflanzt. Das hindert die alte Vorstellung daran, sich wieder einzunisten und bereichert Brunos Leben mit frischer, positiver Energie. Wenn dieser neue Gedanke in Brunos Glaubenssystem verankert ist, wird er durch Resonanz entsprechende positive Umstände und Wirkungen anziehen.

*Das Feuer-Ritual wird auf Seite 48 beschrieben.

Im zweiten Schritt hat Bruno ja bereits seine Geschenke gefunden, also seine verschütteten positiven Eigenschaften und Fähigkeiten. Er ist naturbelassen. Er hat viel Kraft, alles freizulegen und zu enthüllen. Er hat ein offenes Wesen, kann gut zulassen und nachgeben und nimmt jeden Gedanken, jede Idee gerne auf. Aus diesen Fähigkeiten wählt sich Bruno die zwei oder drei aus, die für ihn besonders wichtig sind, und formuliert daraus seine neue Idee.

Bruno kann sich beispielsweise für die Eigenschaften offen und kraftvoll entscheiden. Dann könnte seine neue Idee heißen: Voller Kraft will ich für neue Gedanken offen sein. Bruno könnte aber auch einen Satz wählen, der ihm das Gefühl gibt, alle seine positiven Fähigkeiten können sich gut entfalten: Mehr und mehr übernehme ich die Verantwortung für meine persönliche Freiheit.

Des Kaisers neue Kleider

Es kann gut sein, dass Sie jetzt einen großen Widerwillen spüren, verärgert sind und dieses Buch am liebsten in den Papierkorb stopfen möchten. In der Antike wurde der Bote, der die schlechte Nachricht überbrachte, bekanntlich geköpft. Darüber kann man Witze machen, weil es ja an der schlechten Nachricht nichts ändert, doch die meisten Menschen reagieren auch heute noch nach diesem Muster. Der Wahrheit ins Gesicht zu schauen, erfordert Mut. Doch ohne diese Aufrichtigkeit ist eine Wendung zum Besseren nicht möglich. Sicher kennen Sie die Geschichte von des Kaisers neuen Kleidern. Stolz und selbstgefällig flanierte der Monarch an seinen Untertanen vorbei, weil niemand wagte, ihm zu sagen, dass er nackt war. So manches Unternehmen ist schon daran zugrunde gegangen, dass keiner der Angestellten wagte, dem Chef reinen Wein einzuschenken. Oder denken Sie an den Mann, der sich den ganzen Tag über wundert, warum ihn alle anlächeln, und erst am Abend zuhause bemerkt, dass er den Hosenschlitz offen hat.

Als ich selbst vor Jahren der Spiegelgesetz-Methode begegnete, hatte ich tausend Argumente dagegen. Ich habe heftig bestritten, dass auch nur irgendetwas Wahres oder Sinnvolles daran sein könnte. Ich ging sogar so weit, dieser Methode jedwede Ernsthaftigkeit abzusprechen – bis ich sie eines Tages am eigenen Leibe erlebte.

Ich begleitete meine Freundin zu einem Tagesseminar nach Österreich. Damals war ich der Meinung, ich hätte kein Thema zu lösen. Schließlich hatte ich Ausbildungen in diversen Methoden durchlaufen, was immer auch einem entsprechenden therapeutischen Prozess gleich kommt. Deshalb war ich ganz besonders perplex, als mir ein falscher Glaube klar wurde, der mich schon seit

Jahrzehnten begleitete. Die Verblüffung wurde aber sehr schnell von Erleichterung abgelöst, weil ich erkannte, dass ich mir diesen falschen Glauben selbst prägte. Die ganze Zeit hatte ich mir so (energetisch) viele ›Spiegel‹ in mein Leben geholt. Und vor allem erkannte ich, dass ich allein diesen Glauben auch ablegen und stattdessen etwas Positives glauben kann. Ich begriff, dass ich eine immense Schöpferkraft besitze, die ich nun gut in einen neuen positiven Glauben investieren konnte.

Ich traf die Entscheidung, mich von meinem falschen Glauben zu verabschieden, und übergab zur Bekräftigung einen Zettel, auf den ich den schädigenden Glaubenssatz geschrieben hatte, mit einer Danksagung den Flammen. Augenblicklich war der falsche Glaube wie aus meinem Gedächtnis ausradiert.

Dieses Buch ist ätzend und langweilig!

Als ich das Manuskript für dieses Buch fast fertig hatte, habe ich es einer Freundin gegeben, um eine Rückmeldung zu bekommen. Ihr Urteil war vernichtend. Sie beschrieb es als »ätzend und langweilig«. Kurz zusammengefasst: »Das ist eine endlose Ansammlung von zum Teil anmaßenden Bemerkungen. Da fehlt das Leichte, das Beschwingte, der Witz.«

Natürlich darf meine Freundin das Manuskript ätzend und langweilig finden. Das ist ihre Meinung. Aber wenn dieses Urteil etwas mit mir macht, dann habe ich ein

Problem, weil ich »ätzend« und »langweilig« auf mich beziehe. Woher kommt das? Aus welchem Grund habe ich ein solches Urteil über mich?

Also habe ich entschlüsselt, was mich ›gestört‹ hat. Was kann ich gut, wenn ich ätzend bin? Säure ist ätzend. Säure frisst sich durch alles hindurch, was sich ihr in den Weg stellt. Sie kann sich also gut durchsetzen und über Grenzen hinwegsetzen.

Und Langeweile? Was kann jemand gut, der gut langweilig sein kann? Ich suchte nach wirklich langweiligen Aufgaben und mir fielen die Türsteher vor noblen Läden und exquisiten Hotels ein. Den lieben langen Tag stehen sie wie eine Statue neben der Tür, um sie zu öffnen, wenn die noble Kundschaft hindurch will. Und erst die Wachen vor dem Buckingham Palace, die stundenlang stehen, ohne eine Miene zu verziehen. Wenn die keine lange Weile haben, wer dann? Und welche Fähigkeiten müssen die nun besitzen, um das zu können? Nach meinem Verständnis müssen sie sehr gelassen sein und große innere Ruhe haben.

Das alles habe ich auf mich wirken lassen, habe den falschen Glauben gefunden, der mich hinderte, diese Fähigkeiten zu leben, und habe mich von ihm verabschiedet. Dann habe ich eine neue Idee formuliert. Sie heißt: Ich bin in Sicherheit. Damit habe ich mich einige Wochen lang motiviert und das Buch fertig geschrieben.

Wir, beziehungsweise etwas in uns, mag keine Veränderungen. Wir bleiben lieber in einer unerfreulichen oder leidvollen Situation, statt etwas zu ändern. Bestenfalls wird versucht, die äußeren Umstände zu ändern. Doch das hilft, wenn überhaupt, nur kurz, denn wenn wir uns, unser Denken, unsere Geisteshaltung nicht ändern, dann entstehen im Außen immer wieder die entsprechenden (unangenehmen) Umstände. Weil die Wenigsten den Mut und die Kraft haben, in den Spiegel zu schauen und sich selbst als Ursache zu erkennen, wird verdrängt, übertüncht und beschönigt. Wir nennen das die Vogel-Strauß-Methode, weil der Strauß den Kopf in den Sand steckt, wenn er in Gefahr ist, um die Gefahr nicht zu sehen. Kinder machen das auch. Sie halten sich die Augen zu und rufen: »Such mich mal!«

Die Spiegelgesetz-Methode ist ein Angebot, aus dieser verhängnisvollen Selbsttäuschung herauszufinden und sich über die ›schlagenden‹ Meinungen, Urteile und Geisteshaltungen hinwegzusetzen, die uns daran hindern, wirklich etwas in unserem Leben zu ändern. Dabei soll Ihnen dieses Buch am Beispiel Ihrer Wohnung helfen. Es vermittelt Ihnen

❖ aufmerksames und unvoreingenommenes Wahrnehmen

❖ Ihr Zuhause als Spiegel zu erkennen

❖ wie man mit diesem Spiegel seine Geschenke findet

❖ und sich von negativen Einflüssen erlöst

Alles, was sich um uns herum abspielt, spiegelt unsere meist unbewusste Art zu denken wider. Menschen, Tiere, Gegenstände und Sachverhalte tragen dazu bei, denn wir allein sind es, die den Dingen Bedeutung geben. Der eine sieht in einem Popstar eine eitle Diva, der andere eine geniale Unterhaltungskünstlerin, aber den Menschen hinter dem Popstar nehmen beide nicht wirklich wahr.

Die Spiegelgesetz-Methode ermöglicht uns, Glaubensmuster, die wir meist schon jahrelang mit uns herumschleppen, nicht nur zu entdecken, sondern auch aufzulösen. Dadurch schaffen wir Platz für neue und liebevolle Leitsätze, die unser weiteres Leben bereichern. Dann ändert sich auch nach und nach wie von selbst unsere gesamte Lebenssituation.

Die Grundlage dieser Methode ist die Erkenntnis, die uns schon aus der Antike von Hermes Tresmegistos bekannt ist: Wie oben, so unten. Wie innen so außen.

Damit wir uns selbst erkennen können, muss das, was wir im Außen wahrnehmen, natürlich in einem sinnvollen Zusammenhang mit unserem wahren Wesen stehen. Viele Methoden erklären sich aus diesem analogen Denken. In der Astrologie spiegeln die Planeten den Lebensweg. In der Fußreflexzonenmassage spiegeln die Füße Körper und Psyche. Bei Familienaufstellungen spiegeln Familienmitglieder Seelenanteile.

Alles, was wir im Außen wahrnehmen, steht in direktem Bezug zu unserem Inneren, ist ein Spiegelbild unseres wahren Wesens und gibt uns Hinweise darauf, wer wir wirklich sind. Sind wir bereit, diese Hinweise zu verstehen, werden tief greifende Veränderungen in unserem Leben möglich.

Bevor wir eintreten

Wenn die ersten Eindrücke von meinem Haus schon so viel über mich aussagen, wie geht es jetzt weiter?

Gibt es einen Vorgarten? Ist er üppig bewachsen oder pflegeleicht angelegt? Wie weit ist meine Haustür von der Straße entfernt? – Wie weit bin ich vom Alltagsgeschehen entfernt? Wie viel Abstand brauche ich? Wie stelle ich mich nach Außen dar?

Habe ich Pflanzen, Blumen vor meiner Haustür? – Trage ich gerne Farben? Ist meine Kleidung gepflegt?

Oder ist mein Eingang eher nüchtern oder trist? – Wie lange trage ich schon den gleichen dunkelgrauen Anzug?

Wie groß ist meine Haustür? Welche Farbe hat sie? Aus welchem Material ist sie? Hat sie ein Fenster oder ist sie ›dicht‹? Wie sieht der Türgriff aus? Gibt es eine Klingel oder einen Klopfer. Gibt es eine Außenbeleuchtung? – Lasse ich Menschen lieber im Dunkeln tappen, was meine Person angeht?

Ist meine Tür einladend? Fasst sich die Klinke gut an? Ist die Klingel intakt und mein Name gut zu lesen? – Wie kontaktfreudig bin ich. Sind mir andere Menschen willkommen? ›Steht mein Haus offen‹?

Die Diele

Der Empfangsbereich ist der Ort der Begegnung und Verbindung. Welches Entree erwartet meine Besucher? Wohin führt der Weg, gleich hinter der Haustür? Gibt es eine Diele, eine Halle, geht es gleich in ein Zimmer? Wie werden Menschen empfangen, die in mein Haus treten? Wie lasse ich andere an mich heran? Müssen Straßenschuhe aus- und Hausschuhe angezogen werden?

Wo ist die Garderobe? Und wie sieht sie aus? Steht da ein überfüllter Ständer oder gibt es eine Nische oder einen Schrank, wo die Garderobe ihren Platz findet? Habe ich überhaupt Platz für die Jacken und Mäntel meines Besuchs? – Bin ich bereit, andere zu empfangen oder muss ich erst Platz schaffen, wenn jemand zu Besuch kommt? Wie viel Platz ist in mir? Wie steht es um meine Bereitschaft, andere zu empfangen? Lasse ich gerne Menschen zu mir kommen oder bin ich verschlossen? Sind mir andere egal?

Ist der Eingangsbereich verwinkelt? Ist er dunkel oder hell? Stehen hier Dinge herum, die woanders hingehörten? Gibt es einen Platz für Schirme und Schuhe? – Wie viele Hindernisse erschweren den Weg zu mir?

In vielen modernen Wohnungen und Häusern gibt es gar keinen Eingangsbereich mehr (weil der Architekt Platz einsparen will) oder Küche, Wohn- und Esszimmer bilden einen großen Raum. Man nennt das offene Bauweise. Wie offen bin ich also? Betritt man meine Wohnung durch die Küche oder das Esszimmer, die Essdiele? – Steht das leibliche Wohl für mich an erster Stelle? Sind mir Geselligkeit, das miteinander Essen, auch das Verwöhnen des Gastes mit lukullischen Genüssen wichtig? Lade ich andere Menschen gern zum Essen ein, weil ich ein Genießer bin?

Oder ist das Wohnzimmer der zentrale Ort, an den ich meine Gäste führe? Hier mag zwar auch Geselligkeit aufkommen, das Wohnzimmer ist aber auch der Ort der Repräsentation, wo man zeigt, wer man ist und was man hat. Hier wird eher ein Glas Wein getrunken und dazu werden Knabbereien gereicht. Der Umgang ist förmlicher als am Esstisch. Hier wird eher diskutiert und auf sachlicherer Ebene gesprochen.

Bis vor etwa zehn Jahren war es in Deutschland verpönt und oft ist es das auch heute noch, während des Essens geschäftliche Verhandlungen zu führen. Oft blick-te man ein wenig verächtlich auf unsere Nachbarn in Frankreich bis Italien, für die das ganz normal war und ist. Zuerst die Arbeit, dann das Vergnügen, war hierzulande die Devise. Es galt als regelwidrig, wichtige Verhandlungen mit »vollem Munde« zu führen. Also wurde beim Essen höflich über Belangloses und oberflächlich Privates geredet, die eigentliche Verhandlung wurde vor oder erst nach dem Mahl geführt. Mittlerweile ist es in vielen Firmen durchaus üblich, mit dem Kunden beziehungsweise Geschäftspartner zum Essen zu gehen. Und zaghaft setzt sich auch die Sitte durch, während des Essens geschäftliche Dinge zu besprechen. Aber bleiben wir im privaten Bereich, das Thema Geschäftsessen könnte ein eigenes Buch füllen. Da ließe sich viel Interessantes spiegeln.

Das Gäste-WC

Wo befindet es sich? Wie ist es gestaltet und eingerichtet? Ist es schlicht oder dekoriert? Sind dort Putzmittel, Staubsauger, Bügelbrett und so weiter abgestellt? Ist es ein angenehmer Ort für meine Gäste? – Wie behandele ich meine Gäste? Was mute ich ihnen zu? Wie sehr liegt mir ihr Wohl am Herzen?

Habe ich genügend frische Handtücher bereit gelegt oder hängt ein benutztes am Haken? Gibt es Seife am

Stück oder im Spender? Gibt es eine Schale mit Duft-
kräutern, eine Duftlampe oder Blumen? Oder stapeln
sich dort Zeitschriften, Schmutzwäsche und Putzuten-
silien?

Die Toilette ist der Intimbereich der Wohnung. Was
bedeutet es für mich, meine »Notdurft« zu verrichten?
Ist dies ein eher lästiger Vorgang? Etwas Schmutziges?
Peinlich vielleicht? Oder notwendig, also etwas, das
meine Not wendet. Oder ist die Toilette für mich ein
Ort des Rückzugs, wo ich in Ruhe meinen Gedanken
nachgehen oder meine Zeitschriften lesen kann? Be-
nutze ich mein ›Geschäft‹ als Alibi für mein Ruhe- und
Rückzugsbedürfnis?

Die Einstellung, die ich zu der natürlichen Entlastung
meines Körpers von den angesammelten, ausgedienten
Schlacken habe, bestimmt, wie ich mir meine Toilette
einrichte – und so auch die meiner Gäste.

Kann es sein, dass Sie jetzt über Ihr Gäste-WC anders denken und es renovieren wollen? Halt! Das wäre
zu einfach gedacht. Mit Renovieren verändern Sie den
oberflächlichen Schein. Sie räumen die Putzmittel und
Zeitschriften weg, hängen ein frisches Handtuch hin
und legen ein neues Stück Seife aus. Wenn Sie aber
Ihr Inneres nicht von den Denkmustern befreien, dann
werden sich Putzmittel und Zeitschriften langsam wieder
einschleichen, ebenso wie Handtuch und Seife nach und
nach in den alten Zustand übergehen.

Es geht hier nicht darum, dass Sie ein paar neue Tapeten an die Wand kleben, umräumen oder gar umziehen. Das kann im ersten Moment Erleichterung verschaffen, ist aber nicht nachhaltig. Unser Ziel ist, aus all den Erscheinungsformen, die Sie in Ihrem Zuhause entdecken, abzuleiten, welche Denkmuster in Ihnen aktiv sind und mit Hilfe der Spiegelgesetz-Methode im *Inneren* aufzuräumen oder zu renovieren. Die Veränderungen im Außen kommen dann ganz automatisch.

Die störenden Glaubenssätze manifestieren sich im Außen und das nutzen wir als Hinweise darauf, wo wir festhängen, wo wir etwas zum Besseren ändern können. Diese Glaubenssätze sind meist sehr negativ. In Worte gefasst lauten sie etwa: »Ich bin dumm«, oder: »Ich bin schlecht«, oder: »Ich bin zu schwach.« Unbewusst prägen diese Denkmuster unsere Gefühlswelt, damit unser Denken und Handeln und das führt zu dem, was wir im Außen erleben, ob es unsere Lebensumstände sind, die Ereignisse, die uns ›zustoßen‹, oder die Menschen, die uns umgeben.

Das alles können wir lauthals beklagen und in Selbstmitleid verfallen, wir können es aber auch aufmerksam und unvoreingenommen betrachten, die Symbolik deuten und uns selbst erkennen. Das ist Sinn und Zweck des Lebens. Wenn wir die Umstände erkannt haben, ist ihr Zweck erfüllt und sie lösen sich auf. Wir sind befreit. Die Spiegelgesetz-Methode hilft, diesen Prozess schnell und erfolgreich zu durchlaufen. Dadurch beschleunigt sie unsere Entwicklung und trägt dazu bei, dass sich unsere Lebensumstände Schritt für Schritt verbessern.

Die defekte Haustür

Bevor wir uns weiter in unserem Zuhause umsehen und die einzelnen Räume begehen, möchte ich Ihnen an einem weiteren Beispiel die Methode Schritt für Schritt vorführen. Diesmal helfen wir Alfred, der sich über seine defekte Haustür beklagt.

1 Beschreiben

Zunächst fragt Alfred, wie sich der Defekt darstellt. Wie wirkt er sich aus? Alfred nimmt einen Zettel und schreibt darauf: »Haustür schließt nicht richtig. Ist verzogen, undicht, klemmt, quietscht. Griff wackelt.«

Es kann hilfreich sein, diesen Prozess schriftlich zu fixieren, weil das Aufschreiben bei der Klärung der Gedanken hilft. Es ist ein Unterschied, etwas zu denken oder es so zu formulieren, dass man es aufschreiben kann.

2 Akzeptieren und entschlüsseln

Alfred macht sich bewusst, dass er sich die defekte Haustür selbst in sein Leben geholt hat, damit sie ihm im Außen zeigt, was er in seinem Inneren noch nicht erkennen kann. So betrachtet er die einzelnen Defekte aufmerksam und unvoreingenommen, um sie zu entschlüsseln und die Geschenke freizulegen, die sie ihm machen.

Die Haustür ist verzogen, sie ist also aus der Form geraten. Also fragt sich Alfred, was kann jemand besonders gut, wenn er aus der Form geraten kann? Er muss eine Weile nachdenken, denn manchmal ist es nicht so einfach, das Geschenk unter der gewohnten negativen Betrachtungsweise zu erkennen. Doch dann findet er den Begriff: kann sich gut wandeln, ist beweglich. Auch was wackelt, ist in Bewegung. Für undicht findet Alfred offen. Was quietscht, macht sich deutlich bemerkbar. Und wenn etwas klemmt, braucht es besondere Aufmerksamkeit oder Nachdruck.

Alfred ist der Meinung, er sei ein Störenfried

Alfred nimmt einen zweiten Zettel und notiert seine Geschenke: »Ich bin ein offener Mensch, der sich deutlich bemerkbar machen kann, besondere Aufmerksamkeit braucht und immer in Bewegung ist.«

Die Geschenke gefallen Alfred zwar recht gut, aber er vermeidet es, diese Fähigkeiten zu leben. Wie kommt das nur? Alfreds innere Stimme antwortet: »Dann würde ich auffallen und meinen Mitmenschen auf den Geist gehen.« – *Na und, was ist daran so schlimm? Dann gehst du deinen Mitmenschen eben auf den Geist. Was macht das schon.* – »Dann bin ich ein Störenfried.« – *Na und, dann bist du eben mal ein Störenfried. Was macht das schon.* – »Dann verliere ich alles, was mir lieb ist.«

Alfred ist also der Meinung, er sei ein Störenfried, wenn er sich deutlich äußert und seine Meinung sagt. Deshalb hält er lieber den Mund, um seine Freunde nicht zu verlieren, um seinen Arbeitsplatz nicht zu verlieren, um seine Partnerin nicht zu verlieren. »Ja, das ist wahr, solche Menschen will doch niemand.«

Dies ist eindeutig ein schädlicher Glaubenssatz. Wer von sich glaubt, ein Störenfried zu sein, wird sich hüten aufzufallen. Er wird sich still verhalten und »aus seinem Herzen eine Mördergrube machen«. Wenn Alfred sich doch einmal äußert, führt seine Ausstrahlung, die der schädliche Glaubenssatz erzeugt, dazu, dass er sofort auf Ablehnung stößt. Das ist das Fatale daran, denn der Glaubenssatz, ein Störenfried zu sein, bestätigt sich auf diese Weise immer wieder selbst. Und deshalb hält ihn Alfred für wahr.

Solange Alfred also diesen Glaubenssatz nicht erlöst, wird er zwangsläufig ein Leben führen, in dem er still, bescheiden, lustlos und schließlich frustriert seines Alltags fristet.

3 Danken und aufgeben

In diesem dritten Schritt bedankt sich Alfred bei dem Ärgernis, seiner defekten Haustür, weil es ihn auf die in ihm schlummernden Fähigkeiten aufmerksam gemacht hat und er so den schädlichen Glaubenssatz erkennen konnte, der ihn hindert, sein Potenzial zu leben. Er macht sich klar, wenn er diesen Glaubenssatz erlöst und einem anderen Bewusstsein Raum gibt, entsteht auch ein Spielraum, in dem sich seine frustrierende Lebenssituation ändern kann.

Ich möchte an dieser Stelle noch einmal ganz deutlich herausstellen, wir sind es selbst, die unsere Glaubenssätze immer wieder mit Bestätigung nähren. Wenn ich davon überzeugt bin, dass sich niemand für meine Meinung interessiert, dann strahle ich das aus. Wenn ich dann doch einmal meine Meinung sage, schauen mich alle ganz groß an, weil sie denken: Was will die denn jetzt? Und dann habe ich meine Bestätigung, dass sich niemand für meine Meinung interessiert.

Alfred erkennt jetzt, dass es in seinem Leben schon viele Situationen gab, die auf der Basis dieses schädlichen Glaubens in einem anderen Licht erscheinen. Er erinnert sich an Zwischenfälle in seiner frühen Kindheit, als er zum Beispiel beim Mittagessen mit Eltern und Großeltern eine Bemerkung machte. Sein Vater hat ihn zurechtgewiesen: »Sei still, wenn sich Erwachsene unterhalten!« Und hatte ihm Strafe angedroht.

Aus seiner Schulzeit erinnert sich Alfred an eine weitere Situation, in der ihm der Lehrer auf seinen Zwischenruf hin einen Verweis gab und ihn aus der Klasse schickte. Und während seiner Ausbildung wies ihn der Meister vor allen Kollegen zurecht, nur weil er spontan eine Bemerkung gemacht hatte.

So hat Alfred mit den Jahren den Glauben entwickelt, er sei ein Störenfried, und hat sich seine Strategien angewöhnt, um keine unangenehmen Situationen entstehen zu lassen. Er behält seine Meinung für sich und gibt lieber klein bei. Damit hat er sich zwar manche Konfrontation erspart, aber – das erkennt Alfred jetzt – sich selbst verleugnet und seine Bedürfnisse missachtet.

Dabei ist für Alfred die wichtigste Erkenntnis, dass er sich diesen falschen Glauben tatsächlich selbst eingeredet hat. In einer unangenehmen Situation in seiner Kindheit, für die er selbst gar nichts konnte, hat er sich als Erklärung eingeredet, er sei ein Störenfried. Und daraus hat sich nach und nach dieser schädliche Glaubenssatz entwickelt. Ja, die Reaktion seines Vaters war etwas schroff und hat Alfreds kindliche Gefühle arg verletzt, bei näherer Betrachtung kann Alfred aber durchaus erkennen, dass er eine wohl behütete Kindheit verbracht hat und dass seine Eltern insgesamt durchaus liebevoll waren. Ihm fallen jetzt auch viele Situationen ein, die ihn erkennen lassen, wie sehr es seinem Vater am Herzen lag, dass er eine gute Entwicklung nahm und etwas Ordentliches lernte.

Nachdem Alfred erkannt hat, wie dieser schädliche Glaubenssatz in sein Leben gekommen ist, wie er seinen Lebensweg geprägt hat, und dass er gar nichts mit ihm zu tun hat, ist er bereit, ihn loszulassen. Er entscheidet sich für ein kleines Ritual, um diesem Entschluss eine entsprechende Tiefe zu verleihen.

Alfred stellt eine Schüssel bereit und dekoriert vielleicht den Platz ein wenig, je nach Geschmack. Auf einen dritten Zettel schreibt er: »Ich bin ein Störenfried und halte deshalb besser meinen Mund.« Dann zündet er den Zettel an, legt ihn in die Schale und schaut zu, bis er vollständig zu Asche verbrannt ist.

4   Neue Idee

Zum Abschluss formuliert Alfred einen neuen, unterstützenden und erhebenden Glaubenssatz. Das könnte sein: »Ich fühle mich frei und sicher, meine Wünsche zu äußern«, oder: »Ich bin in Sicherheit, geborgen und verstanden.« Er nimmt wieder einen Zettel und schreibt seinen neuen Glaubenssatz darauf.

Nun ist der Prozess abgeschlossen und Alfred lehnt sich gemütlich zurück. Halt! Der Prozess ist abgeschlossen, doch wie wir alle wissen, ist der Mensch ein Gewohnheitstier. Deshalb ist es nun ganz wichtig, diese neue Idee, diesen neuen, positiven Glaubenssatz im Denken zu verankern, indem wir ihn möglichst oft wiederholen.

Alfred nimmt das Zigarettenetui, das er nicht mehr braucht, weil er sich das Rauchen abgewöhnt hat und legt den Zettel mit seinem neuen Glaubenssatz hinein. Das Etui steckt er in seine Rocktasche, um es immer zur Hand zu haben. Bei der Arbeit nimmt er regelmäßig das Etui, macht es auf und liest den Satz. Sie können Ihren Zettel auch an den Spiegel klemmen, sich eingerahmt auf den Schreibtisch stellen oder unter das Kopfkissen legen. Sie haben sicher eine gute Idee dafür.

Wenn Alfred den Anlasser seines Autos betätigt, denkt er seinen Satz. Das macht er ein paar Tage lang, was zur Folge hat, dass er automatisch an seinen Satz denkt, wenn er den Anlasser betätigt. Sie können auch Ihre Lieblingstopfblume anschauen und dabei Ihren Satz denken. Wenn Sie das oft genug machen, werden Sie danach bei Anblick der Blume automatisch an Ihren Satz denken. Oder Sie denken Ihren Satz immer zur Erkennungsmelodie der »Tagesschau«. Oder, oder, oder.

Anfangs sollten Sie den Satz so oft wie möglich denken oder besser noch laut sprechen. Es ist wie mit einem kleinen Pflänzchen, das anfangs über einen gewissen Zeitraum täglich gehegt und gepflegt werden muss, bis es so weit gewachsen und gestärkt ist, dass es ins Freie gepflanzt werden kann.

Das Wohnzimmer

Wie der Name schon sagt, hier wohne ich, hier verbringe ich meine private Zeit. Das Wohnzimmer ist Ort der Entspannung und Kommunikation.

Wie ist mein Wohnzimmer eingerichtet? Wie sind die Sitzmöbel beschaffen? Habe ich Schränke oder Regale? Gibt es Bücher, Bilder, Dekoration, Fernseher, Radio und so weiter? – Lebe ich hier oder dient dieser Raum zur Repräsentation? Ist es ein Wohnraum oder ein Ausstellungsraum? Wie sieht meine Gemütlichkeit aus? Wie wohne ich in mir? Bin ich ein Mensch, der sich auch mal gehen lassen kann oder muss ich immer wie »aus dem Ei gepellt« sein? Trage ich als Mann auch zu Hause einen Anzug mit Hemd und Krawatte oder als Frau ein Kleid und Stöckelschuhe? Kann ich abschalten? Mache ich es mir bequem?

Wie ist mein Wohnzimmer dekoriert? Habe ich Pflanzen? Wenn ja, sind es echte oder künstliche? Wenn es Echte sind, wie wachsen sie? Fristen sie ein eher kümmerliches Dasein oder gedeihen sie prächtig? Wuchern sie vielleicht so sehr, dass mein Wohnzimmer einem Urwald gleicht? Was für Pflanzen bevorzuge ich? Kakteen? Blattpflanzen? Orchideen? – Wie wachse ich? Mit welcher Art Pflanze identifiziere ich mich? Umgebe ich mich mit üppigen Grünpflanzen, weil ich üppig wachse, oder sollen die Pflanzen für mich tun, was ich mir nicht erlaube? Steht auf meiner Fensterbank umrahmt von einer Wolkengardine eine reichlich blühende Blumenpracht, weil ich reich blühe oder weil die Blüte in meinem Leben fehlt? Bevorzuge ich Kakteen, weil auch ich so genügsam und wehrhaft bin oder weil mir diese Eigenschaften irgendwie abhanden gekommen sind?

Fristen meine Pflanzen ein eher kummervolles Dasein und muss ich laufend neue kaufen, weil ich sie verdursten lasse oder tot gegossen habe? Oder war der Durchzug ›Schuld‹? – Habe ich mit Wachstum nichts im Sinn? Wie sorge ich für mich? Gönne ich meinem Körper genug Flüssigkeit oder gebe ich ihm mehr davon, als ihm gut tut? Manche Menschen behandeln ihr Auto besser als ihre Pflanzen oder als sich selbst.

Oder bevorzuge ich künstliche Pflanzen, weil sie so pflegeleicht sind? Genügen mir billige Plastikblumen oder müssen es teure Imitate sein, damit es niemand bemerkt? – Bin ich gekünstelt? Bin ich bequem und versuche, den Schein möglichst ›billig‹ zu wahren?

Besitze ich Bücher? Stehen die Bücher im Wohnzimmer, um Besucher zu beeindrucken oder weil ich regelmäßig lese? Welche Bücher bevorzuge ich? »Zeige mir deine Bücher und ich sage dir, wer du bist.« Oder bevorzuge ich die schnelle Information aus Zeitungen und Zeitschriften? Oder verbringe ich meine Zeit lieber mit fernsehen, Musik hören oder am Computer? Oder gehe ich oft aus und bin selten zu Hause?

Für wie viele Personen bietet mein Wohnzimmer Platz? Wenn ich viele Sitzplätze habe, werden die auch genutzt oder stehen die Sitzmöbel nur zur Zierde da? Oder hatte ich bei der Anschaffung mehr Besuch erwartet, als ich tatsächlich bekomme? Oder habe ich einfach eine Sitzgarnitur genommen, wie es üblich ist, um das Zimmer zu füllen? Entsprechende Fragen stellen sich bei den übrigen Einrichtungsgegenständen des Wohnzimmers.

Welches Möbel ist der Blickfang? Die Sitzmöbel? Die Schrank- oder Regalwand? Das Medien-Center mit Großbildschirm und Hifi-Anlage? Eine Vitrine mit Sammelstücken? Die Bilder an den Wänden? – Womit trete ich hervor? Mit Gemütlichkeit, meinem Kuschel-Bedürfnis? Mit meinen geistigen und kulturellen Interessen? Demonstrieren die Pflanzen meine Nächstenliebe? Der Nippes meine Naivität? Puppen und Bärchen mein kindliches Gemüt? Geweihe, Trophäen und Pokale mein Imponiergehabe? Sammelvitrinen meinen Besitzdrang und mein Darstellungsbedürfnis?

Gibt es eine Bar, damit ich wie ein Prominenter Martinis mixen kann, wenn ich nach Hause komme oder Besuch habe? Oder stehen mitten im Wohnzimmer Bügelbrett und Wäschekorb? Liegen überall verstreut die Spielsachen meiner Kinder herum? Oder ist hier ein himmlisches Durcheinander von Zeitungen, schmutzigen

Tellern, Gläsern, leeren Flaschen und vollen Aschenbechern, auch wenn gestern keine Party stattfand? Wenn jetzt Besuch käme, müsste ich erst Platz schaffen, damit sich jemand setzen kann?

Dieses Buch ist eine Zumutung!

Auch wenn schon darauf hingewiesen wurde, dass bei der Lektüre dieses Buchs starke Emotionen ausgelöst werden können, will ich an dieser Stelle doch noch einmal innehalten und auf eventuell aufkommende Empörung eingehen.

Wenn Ihr Leben in geraden Bahnen verläuft, wenn Sie Ihre Ziele verwirklichen und rundum glücklich und zufrieden sind, dann haben Sie natürlich keinerlei Veranlassung, irgendetwas zu spiegeln, auch nicht Ihr Zuhause. Dann würden Sie dieses Buch aber vermutlich gar nicht lesen. Sie würden sich auch über provokante Betrachtungen Ihrer Einrichtung nicht ärgern, weil Sie sich schlicht und einfach nicht angesprochen fühlen würden und hätten höchstens ein Schmunzeln für diese Art der Betrachtung.

Wenn Sie meine Ausführungen jedoch in irgendeiner Form negativ berührt haben, dann *könnten* wir jetzt gemeinsam – rein theoretisch – per Spiegelgesetz-Methode auf Entdeckungsreise gehen. Im Folgenden sind Sie also nur angesprochen, wenn Sie das Buch empört. Wenn Sie sich negativ berührt fühlen, jedoch andere Begriffe dafür finden, dann passen Sie bitte die folgenden Ausführungen sinngemäß entsprechend an.

1 Beschreiben

Sie empfinden die Ausführungen in diesem Buch anmaßend, frech und provokant (oder finden andere Adjektive, die für Sie stimmiger klingen).

2 Akzeptieren und entschlüsseln

Sie akzeptieren, dass Sie sich diese Provokation selbst in Ihr Leben geholt haben, denn Sie lesen ja dieses Buch und entschlüsseln, was Sie stört.

Beim Entschlüsseln ist eine Fragestellung folgender Art meist hilfreich: »Was kann jemand gut, der gut anmaßend sein kann?« – Er hat zum Beispiel ein starkes Selbstbewusstsein, hat den Überblick, kann gut einschätzen und achtet auf sich. Für frech können Sie wortgewandt, schlagfertig, direkt und mutig finden, für provokant herausfordernd und konfliktbereit.

So fänden Sie also Ihre Geschenke: Sie sind ein sehr selbstbewusster Mensch, der immer den Überblick hat, gut einschätzen kann und auf sich achtet. Sie sind wortgewandt und schlagfertig und haben den Mut, Konflikte auch direkt herauszufordern.

Der Haken ist nur, dass Sie diese Fähigkeiten zwar hätten, sie jedoch aus irgendeinem Grund nicht leben. Warum? – Nun ist Ihre innere Stimme gefragt, dieser »Geist, der stets verneint«[1] und die sagt vielleicht: »Dann gibt es nur Streit«? – *Na und, dann gibt es eben mal Streit. Was ist daran so schlimm?* – »Dann will keiner mehr was mit mir zu tun haben.« – *Na und, was ist daran so schlimm?* – »Dann bin ich alleine.«

Sie meinen also, dass selbstbewusste, mutige, konfliktbereite Menschen von anderen gemieden werden und deshalb einsam sind. Das wäre Ihr negativer Glaubenssatz. Er bedeutet umgekehrt, dass nur schüchterne (nicht selbstbewusste), ängstliche (nicht mutige) und angepasste (nicht konfliktbereite) Menschen in Gesellschaft leben können. Stimmt das?

Nun, dieser Glaubenssatz ist nicht nur schädlich, sondern auch vollkommen falsch. Deshalb fällt es Ihnen leicht, ihn aufzugeben.

3 Danken und aufgeben

Sie bedanken sich also für dieses anmaßende und ärgerliche Buch[2] und bedanken sich bei sich selbst, dass Sie es gekauft haben und lesen, denn nun können Sie sich von diesem schädlichen Glaubenssatz verabschieden, den Sie vermutlich schon ziemlich lange im Gepäck haben. Zur Unterstützung ist ein kleines Feuer-Ritual hilfreich,

---

[1]Goehte: Faust.   [2]Ich nehme den Dank gerne an.

wie es schon beschrieben wurde, oder Sie finden eine eigene Form, Ihren Abschied zu zelebrieren.

4 Neue Idee

Schließlich entscheiden Sie sich, ab sofort eine neue Idee in Ihr Bewusstsein aufzunehmen, zum Beispiel: »Ich bin frei, meine Kraft und meinen Mut einzusetzen.« Diesen Satz sagen Sie sich täglich mehrmals möglichst laut gesprochen selbst. Das sollten Sie mindestens 21 Tage lang tun. Außerdem können Sie den Satz in Ihrem Lebensumfeld verankern, wie es oben bereits beschrieben wurde.

Solchermaßen gestärkt können wir nun die Räume des Hauses weiter begehen.

Die Küche

Die Küche wird gern als das Herzstück des Hauses gesehen, weil hier für das leibliche Wohl gesorgt wird, was eng mit den vitalen Funktionen des Lebens verbunden ist. Die Küche ist auch ein Ort der Wandlung, wie im Wort Hexenküche deutlich wird oder in der Küche der Alchimisten.

Wo im Haus befindet sich meine Küche? Wie weit muss ich gehen, um zur Küche zu gelangen? Wie weit muss ich Einkäufe tragen? Wie groß ist sie? Wie ist sie eingerichtet? Wie viel Platz habe ich zum Kochen? Wie viel

Platz bietet meine Küche für Utensilien, Vorräte, Geschirr, Gläser, Töpfe und Pfannen? Gibt es eine Speisekammer? Kann ich sinnvoll in meiner Küche arbeiten?

Für die meisten Menschen ist die Küche das Herz des Hauses. Bei den Germanen war der Herd ein geschützter Ort, der auch Asyl bot, ähnlich wie heute noch Kirchen. Die Küche ist der Ort, von dem der Mensch in die Welt hinaustritt und zu dem er zurückkehrt. Gewöhnlich ist sie der belebteste Raum im Haus und daher auch der Ort, an dem viel Austausch stattfindet und Beziehungen gefestigt werden. Sie ist ein Ort kreativer Kommunikation genauso wie Hort der Wärme und des Wohlbefindens.

Wie steht es also um mein Wohlbefinden? Wie um meine Beziehung zu den mir nahe stehenden Menschen? Ist meine Küche zum Ess- oder Wohnzimmer hin geschlossen oder offen? Habe ich ein offenes Herz für andere oder bin ich eher still und in mich gekehrt?

Darf es im Haus nach Küche riechen? – Darf ich riechen?

Ist die Küche voll ausgestattet? Kann ich jedes Gericht zubereiten? Oder fehlt es an Geräten, an Töpfen, Gewürzen oder Zutaten? – Bin ich auf alles vorbereitet? Bin ich bereit, auf die Wünsche meines Partners einzugehen? Habe ich Platz in meiner Küche oder ist die Arbeitsplatte ein winziger Fleck neben dem Herd? Wird das Kochen eines richtigen Essens zum Abenteuer oder stecke ich ohnehin nur Fertiggerichte in die Mikrowelle?

Eine gute Freundin lebt mit ihrem Ehemann und der kleinen Tochter in einer so genannten Luxuswohnung im obersten Stock eines dreistöckigen Hauses. Der Luxus bezieht sich natürlich auf die Ausstattung: Parkettboden, separate Gästetoilette, edle Fliesen und Armaturen in Bad und WC. Die Küche ist voll eingerichtet mit einem Herd, einer Spüle, einer Geschirrspülmaschine und mit Schränken, zwei Meter rechts und zwei Meter links. Aber die Arbeitsfläche neben dem Herd ist mal gerade zwanzig Zentimeter breit und obendrein etwas schwierig zu nutzen, weil gleich ein Hochschrank anschließt. Gegenüber neben der Spüle gibt es noch mal dreißig Zentimeter, doch dort steht die Kaffeemaschine. In der Küche dieser Luxuswohnung fehlt der Platz zum Kochen. Ist das Absicht?

Wieso nehmen Menschen solche Küchen hin?

Wie kommt es, dass sich Menschen mit solchen Küchen zufrieden geben? Ist es wirklich modern, wenn der Platz zum Kochen und für Vorräte fehlt? Ist es ›uncool‹ zu kochen, also in der Küche zu arbeiten? Gehen wir lieber zum Essen ins Restaurant, rufen den Pizzadienst an oder wärmen Tiefkühlkost auf?

In unserer Gesellschaft regelt die Nachfrage das Angebot. Solche Wohnungen werden nur gebaut, weil sie auch gemietet beziehungsweise gekauft werden. Entsprechen diese Nutzungen also den Bedürfnissen der Bewohner?

Warum geben sich Menschen mit einem Bad oder gar einer Küche ohne Fenster zufrieden? Wird das Angebot an Wohnungen wirklich der Nachfrage gerecht? In der Menge kaum. Viele Wohnungen sind schlecht gegen Schall gedämmt und finden dennoch Mieter oder Käufer. Und wie viele Familien wohnen in Objekten mit viel zu kleinen Kinderzimmern. Werden solche Wohnungen also bewohnt, weil es keine anderen gibt? Was veranlasst Bauherren und Architekten, solche Grundrisse zu entwickeln? Und was veranlasst uns, das hinzunehmen oder auch noch *très chic* zu finden?

Wenn uns das so gefällt, haben wir selbstverständlich keinen Grund, irgendetwas zu verändern. Wenn uns so eine Wohnsituation jedoch in einer wie auch immer gearteten Weise negativ emotional berührt, können wir mit Hilfe der vier Schritte zumindest unserer Einstellung auf den Grund gehen.

Nehmen wir beispielsweise an, es stört mich, dass mein Bad und meine Küche kein Fenster haben. Ich beschreibe meinen Ärger mit den Worten: Das Bad und/oder die Küche ist dunkel, es stinkt, man fühlt sich eingeschlossen. – Was kann jemand oder etwas gut, der oder das gut dunkel ist oder sein kann? Kann der sich vielleicht bedeckt halten, ist der vielleicht voller Geheimnisse und somit verschwiegen oder vertraulich? Die gleiche Frage auf die Eigenschaft stinken angewendet: Ist der vielleicht naturbelassen, kann Duftwogen ausstrahlen und sich somit Raum verschaffen? Und jemand, der gut eingeschlossen sein kann, kann vielleicht gut bei sich bleiben, in sich ruhen, Vertrauen haben?

So könnten wir jetzt fragen: Du bist verschwiegen, natürlich, kannst dir Raum verschaffen und ruhst voller Vertrauen in dir. Wie kommt es, dass du vermeidest, diese Fähigkeiten auszuleben? Was könnte geschehen, wenn du sie auslebtest?

Vielleicht fühlen Sie sich angesprochen. Dann formulieren Sie, was geschehen könnte und führen den Prozess wie gewohnt weiter: Na und, was macht das schon? So können Sie einen schädigenden Glaubenssatz aufdecken und durch einen stärkenden Gedanken ersetzen.

Geld regiert die Welt
(ein falscher Glaube)

Denken Sie inzwischen schon, wie ich es mir hier leicht mache? Höre ich da Ihre Fragen, Ihre Entrüstung: Schön und gut. Aber was sollen wir denn machen. Die Wohnungen, die Häuser sind nun mal so, wie sie sind. Schließlich kann sich ja nicht jeder gleich ein Eigenheim leisten. Ja, wenn ich das Geld hätte und nach meinen Vorstellungen bauen könnte. Und so weiter.

Es ist immer das gleiche Spiel: Die anderen sind Schuld, dass ich meine Vorstellungen nicht verwirklichen kann, die Vermieter oder die Bauherren, die Architekten, die Kosten sowieso und damit dann auch die Banken, der Arbeitsmarkt, die Wirtschaft und was noch alles.

Ich selbst hatte schon sechzehn verschiedene Wohnungen und Häuser, vierzehn davon zur Miete. Ich war also schon oft auf Wohnungssuche und was ich dabei erlebt habe, spottet zum Teil wirklich jeder Beschreibung. Ein Beispiel ist mir noch besonders in Erinnerung geblieben: Fünf Zimmer, 105 Quadratmeter, Balkon, Galerie, zwei Toiletten wurden angeboten und ich sah mich im Geiste schon umziehen. Bei der Besichtigung entpuppte sich die Wohnung jedoch als Lacher.

Die Wohnungstür ging auf und ich sah in einen etwa zehn Meter langen, schmalen Gang. Im ersten Drittel gab es auf der rechten Seite eine Tür zu einem winzigen Gäste-WC, an dem jeder Übergewichtige scheitern musste.

Am hinteren Ende des Ganges ging es links in ein ungefähr fünfundzwanzig Quadratmeter großes Zimmer, das als Wohnzimmer deklariert wurde. Direkt über dem Fenster fing die Dachschräge an. Direkt über der Tür war eine Galerie durch ein Stahlgeländer begrenzt, doch erreichen konnte man die Galerie von hier aus nicht. In der gegenüberliegenden Wand war ein großes Fenster mit Blick auf die Straße.

An der Stirnseite des Ganges war die etwa sechs Quadratmeter große Küche. Sie war ›voll‹ eingerichtet: in den wenigen Schränken war Platz für ein paar Tütensuppen und die Putzmittel, eine Speisekammer fehlte, als Arbeitsfläche blieben ganze vierzig Zentimeter.

Neben der Küche gab es noch ein Zimmer von etwa zehn Quadratmetern und mit einem Fenster. Das sollte eines der beiden Kinderzimmer sein. Und auf der gegenüberliegen Seite gab es eine kleine Ausbuchtung, in der eine Wendeltreppe aus Stahl in das darüber liegende Stockwerk führte.

Hier oben gab es eine geräumige Diele, von der man auf der einen Seite über das Geländer in das darunter liegende Wohnzimmer blickte und gegenüber eine Glastür, die auf eine Terrasse führte. Schön hier oben, auch der Blick auf die Grünanlage mit Spielplatz. Die Terrasse war auch groß genug für einen Tisch mit vier Stühlen. Eine Familie mit zwei Kindern könnte hier gut sitzen und essen. Wie die Hausfrau allerdings das Essen über die enge Wendeltreppe hier hoch befördern sollte, war mir ein Rätsel.

Es warteten noch drei Türen, von mir geöffnet zu werden. Die eine führte in das zweite Zehn-Quadratmeter-Schuhkarton-Kinderzimmer, die zweite öffnete sich in ein Badezimmer. Es hatte sogar ein Fenster. Das war bestimmt der Luxus, von dem im Exposé die Rede war. Der Raum war rechteckig, etwa ein Meter fünfzig breit und bestimmt vier Meter fünfzig lang. Es gab eine Badewanne, ein Waschbecken, eine Dusche (ohne Tür oder Vorhang), eine Toilette und den Anschluss für die Waschmaschine. Ich stellte mir vor, wie Eltern und Kinder in diesem Bad ihre Morgentoilette verrichten: einer duscht und der andere kann die Zähne putzen, während der Dritte schon mal auf der Toilette sitzt. Und dazu schwabbelt die Waschmaschine gemütlich vor sich hin. Ist das bundesdeutsche Routine?

Das letzte Zimmer war das sogenannte Eltern-Schlafzimmer, ein etwa fünfundzwanzig Quadratmeter großer Raum mit Dachschräge. Hier gab es eine Nische für das Bett und gleich daneben eine Stahltür. Wozu ist die? »Das ist die Fluchttür ins Treppenhaus, das ist Vorschrift, weil die Wohnung über zwei Etagen geht.«

Ich hatte genug gesehen. Und ich war sauer. Ich fing an, innerlich zu schimpfen: Was bilden sich Bauherren und Architekten eigentlich ein? Diese Wohnung war für einen Vier-Personen-Haushalt konzipiert. Wie die darin leben sollten, hatte niemand bedacht. Wegen der Dachschrägen passten normale Möbel nicht hinein. Die Küche taugte gerade für eine Einzelperson, das Bad war ein schlechter Scherz, die Terrasse nur umständlich zu nutzen und im Schlafzimmer neben einer Stahltür zu schlafen, ist alles andere als gemütlich. Nur für Flur und Empore gingen fast fünfundzwanzig Quadratmeter verloren, ein Viertel der Wohnfläche.

Normalerweise müsste eine solche Wohnung leerstehend bleiben. Es müssten viele Wohnungen und Häuser leer stehen. Nur so könnte erreicht werden, dass sinnvoll, brauchbar und praktisch geplant und gebaut würde. Nur, es finden sich immer wieder Mieter für solche »Wohnklos«. Und nach wie vor wächst der größte Teil unserer dereinstigen Rentenzahler in ›Schuhkartons‹ auf, die sich Kinderzimmer nennen.

Wer als Kind auf zehn Quadratmetern aufgewachsen ist, freut sich bestimmt, eines Tages in eine eigene Wohnung zu ziehen und hält fünfundzwanzig bis dreißig Quadratmeter für einen Tanzsaal. Das junge Paar verbessert sich dann auf fünfundvierzig bis sechzig Quadratmeter. Welch Luxus! Heutzutage soll in einer Küche schließlich nicht mehr groß gekocht werden. Eine Mikrowelle für die Fertiggerichte genügt vollkommen. Dann können wir auch praktischerweise auf das Geschirr verzichten und gleich aus der Packung essen.

So weit, so gut. Haben Sie zugestimmt? Dann haben Sie es genau so gemacht, wie ich selbst über viele Jahre. Und was hat sich geändert? Bei mir sehr viel.

Mir ist klar geworden, dass ich wieder die ›Schuld‹ da draußen gesucht und gefunden hatte. Ich hatte damals Glaubenssätze wie

❖ die Grundstückspreise sind so hoch, dass Häuser und Wohnungen so knapp geschnitten werden müssen

❖ die Architekten müssen sich anpassen, sonst bekommen sie keine Aufträge
❖ der Wirtschaft geht es schlecht
❖ das Geld ist knapp
❖ keiner bekommt, was er/sie sich wünscht
❖ jeder muss Abstriche machen und so weiter

So reihte sich ein negativer (und falscher) Glaube an
den nächsten, bis ich mich endlich auf das Gesetz der
Anziehung besann und das Gesetz der Resonanz erkannte,
also dass ich die Dinge im Außen wahrnehme, wie es
meiner inneren Schwingung entspricht:

❖ was ich aussende, kommt zu mir zurück
❖ was ich aussende, erlebe ich im Außen
❖ ich erlebe meine Außenwelt nur entsprechend meiner
   Schwingung, Gedanken- und Glaubensmuster

Also stellte ich mir Fragen. Wie kommt es, dass ich
es brauche, in einem Haus oder einer Wohnung zu leben,
die zu kleine Kinderzimmer hat, in der zu viel Fläche für
nutzlose Flure verbaut ist, in der das Bad viel zu klein
ist und kein Fenster hat. Also: Was stört mich bei meiner
Wohnungssuche? Und was macht das mit mir?

Im Verlauf der vier Schritte beschrieb ich

❖ großkotzig (die Makler)
❖ übersehen (meine Bedürfnisse)
❖ betrogen (dilettantische Grundrisse)
❖ innerlich tobte ich

Als ich die Eigenschaften entschlüsselte, fand ich
für

- ❖ großkotzig kann sich gut befreien
- ❖ übersehen   hat den Weitblick, ist groß
- ❖ betrügen   kann nur, wer ideenreich ist, sowie Menschenkenntnis und Feingefühl hat
- ❖ toben   dazu brauche ich Kraft, bin ausdrucks-
  stark

Also bin ich ein (innerlich) großer Mensch mit Weitblick, habe Menschenkenntnis und Feingefühl, kann
mich gut ausdrücken, habe Kraft und bin fähig, mich zu
befreien. Und wie kam es nun, dass ich all diese wundervollen Fähigkeiten auszuleben vermied? – Dann werde
ich entweder ausgeschlossen oder alle machen sich über
mich lustig. – *Aha, und was macht das schon?* – Dann
stehe ich völlig alleine da. – *Na und, was ist daran so
schlimm?* – Dann muss ich verhungern und jämmerlich
eingehen. – *Upps, wie kommt jetzt das?* – Weil ich arm
bin. So entdeckte ich meinen falschen Glauben: »Ich bin
arm.« Was muss jemand tun, der von sich glaubt, arm zu
sein? Und was erlebt jemand, der das von sich glaubt?
Ich fand für mich einiges heraus:

- ❖ Ich musste viel lernen, damit was aus mir wird und
  ich genug Geld verdiene.
- ❖ Ich musste mich unterordnen, weil nur Reiche etwas
  zu sagen haben.

❖ Ich musste jede Berichterstattung über Armut lesen oder ansehen, denn es beruhigte mich zu sehen, wie schlecht es anderen Menschen geht.

❖ Ich durchschaute die Schizophrenie des Selbstbetrugs, wenn ich aus Geldmangel nur für zwanzig Mark tankte.

Es waren damals sicher noch mehr Punkte auf meiner Liste. Jedenfalls erkannte ich, wie falsch und schädigend mein Glaube war und verabschiedete mich davon.

Im vierten Schritt erschuf ich mir eine neue Idee: »Ich bin mit Reichtum jeglicher Art gesegnet.« Dann sandte ich den Gedanken aus, dass es irgendwo jemanden gibt, der mehrere Häuser besitzt und in einem dieser Häuser eine schöne, geräumige Wohnung nach meinen Vorstellungen zu einem moderaten Mietpreis zu vergeben hat. In genau diese Wohnung zog ich vier Monate später ein.

Haben Sie jetzt Lust bekommen, Ihre eigenen Widrigkeiten in Bezug auf Ihr Haus oder Ihre Wohnung zu klären? Das können Sie mit den gleichen Fragen tun, die ich mir gestellt habe:

❖ Was macht mein Haus oder meine Wohnung, das mich stört?

❖ Was macht das mit mir?

Auf geht's! Frisch gewagt, ist halb gewonnen. Ich komme später darauf zurück und helfe Ihnen bei den weiteren Schritten.

Das Esszimmer

Gibt es ein Esszimmer oder eine Essecke im Wohnzimmer? Wie weit ist die Entfernung bis zur Küche? Gibt es eine Tür oder Durchreiche zur Küche, oder muss man weit laufen? Wird das Esszimmer täglich genutzt oder nur an besonderen Tagen? Oder gibt es eine Wohnküche? Oder wird am Couchtisch im Wohnzimmer oder zusammengepfercht in der Einbauküche gegessen?

Wie groß ist der Essplatz? Wie ist er eingerichtet, wie dekoriert? Wie vielen Personen bietet er Platz? Gibt es einen Tisch mit Stühlen oder eine Sitzbank? Gibt es weitere Möbelstücke wie ein Sideboard, eine Vitrine, einen Schrank? Hängen Bilder an der Wand? Oder gibt es ein Tellerbord oder Regal? Vielleicht geschmückt mit einer Sammlung von Bierkrügen, Pokalen oder Mini-Schnapsflaschen?

Sie fragen sich, warum ich solches Aufhebens um das Esszimmer mache? Es ist doch an sich nur ein Raum außerhalb der Küche, in dem gegessen wird. Beim Essen trifft sich die Familie oder wir sitzen mit Freunden beisammen. Wir nehmen nicht nur Speisen und Getränke auf, sondern auch die Gedanken und Gefühle der Menschen, die mit uns tafeln. Deshalb ist der Esstisch ein gefühlvoller Ort. Das gemeinsame Essen bietet Raum für ausführliche

Gespräche, die auch zu Auseinandersetzungen, Streit und Familienkrach führen können.

Wie steht es um meine Gefühlswelt? Wieviel Platz ist in mir dafür? Welchen Raum schaffe ich für Gefühle und wie richte ich diesen Raum ein? Ist das Esszimmer einfach und zweckmäßig eingerichtet oder stehen Genuss und Bequemlichkeit im Vordergrund?

Bin ich familiär, konservativ und hänge an Traditionen (bäuerliche Sitzecke); kommunikativ, gesellig und neugierig (runder Tisch mit Stühlen) oder sachlich, gebieterisch und liebe Prinzipien (rechteckiger, langer Tisch mit Hochlehner-Stühlen)?

Das Schlafzimmer

Es gibt Schlafzimmer, die sind eher ein Wohnzimmer mit Bett. Oder haben Sie gar kein Schlafzimmer und schlafen auf einem Klappbett im Wohnzimmer? Hier wird gegessen, geraucht, ferngesehen, Video gespielt, im Internet gesurft und gebügelt. Das Schlafzimmer ist unser Ruheraum. Welchen Stellenwert hat Ruhe bei einem solchen Schlafzimmer? – Wie steht es um meine Ruhe? Kann ich zur Ruhe kommen?

Wie groß ist das Schlafzimmer? Und wie ist es eingerichtet? Gehen Sie alle Möbelstücke und Dekorationen durch, wie oben mehrfach vorgeführt.

Dient das Schlafzimmer nur zum Schlafen? Oder wird der Raum noch für einen Schreibtisch, ein Trimm-Gerät und so weiter genutzt? Das Schlafzimmer ist auch der bevorzugte Ort sexueller Begegnung. Ist das Schlafzimmer einladend und romantisch? Ist das Bett groß genug für zwei? Ist es eher spartanisch oder einladend und mollig? – Wie steht es um meine Sexualität? Welchen Wert und welche Bedeutung messe ich ihr bei?

Vielleicht gehören Sie auch zu der Gruppe Menschen, die am liebsten ihr Leben im Bett verbringen. Ziehen Sie sich vor dem »Leben da draußen« ins Bett zurück? Haben Sie Anflüge von Depression oder fühlen sich einsam und verkriechen sich dann ins Bett?

Sind Sie als Kind gerne ins Bett gegangen? Haben Sie sich gerne in Ihr Zimmer zurückgezogen und sich gemütlich in Ihr Bett gekuschelt? Ist Ihr Bett für Sie sozusagen der geheiligte Ort des Rückzugs? Können Sie hier Ihren Gedanken nachgehen, ohne gestört zu werden? Ist dies vielleicht gar der einzige ungestörte Platz für Sie? Oder war schlafen gehen eine Strafe? Wurden Sie oft mit Stubenarrest belegt? Sind Sie zur Strafe ohne Essen ins Bett geschickt worden? Was empfinden Kinder, wenn sie zur Strafe ins Bett geschickt werden?

In meiner Praxis habe ich schon oft Klienten getroffen, die in ihrer Kindheit solcherart bestraft wurden. Ich erinnere mich noch sehr gut an einen Herrn mittleren

Alters. Im Verlauf der Sitzung stellte sich heraus, dass er sich im zarten Alter von etwa drei Jahren einen schädlichen Glaubenssatz eingeprägt hatte. Er war von seiner Mutter – nach seinem Verständnis – aus heiterem Himmel ausgeschimpft und zur Strafe ohne Essen ins Bett geschickt worden. In unserer Sitzung sah er sich selbst in seinem Bettchen liegen, spürte die Tränen, die ihm damals über die Wangen liefen, und den knurrenden Magen, der ihn quälte. Seine Not war groß und weil er sich die Schuld an Mamas Wut gab, gab es für ihn nur eine Erklärung, nämlich dass er ein böser Junge sei. Diesen falschen Glaubenssatz nährte er dann im Verlauf seines Lebens immer mehr und war stets darauf bedacht, besonders lieb, nett und hilfsbereit zu sein.

Sind sie als Kind zur Strafe ins Bett geschickt worden?

In unserer Sitzung hat dieser Klient noch viele weitere Erkenntnisse gehabt. Eine davon steht in direktem Zusammenhang mit diesem Kapitel, denn dieser Mann besaß kein Bett. Er schlief auf dem Boden. Warum hatte er kein Bett? Nun, an dieser Stelle des Buchs und bei der erzählten Vorgeschichte liegt die Antwort auf der Hand, denn »Bett« war ursächlich mit der Vorstellung verbunden, ein schlechter Mensch zu sein, der Strafe verdient.

Aber mehr noch, der Mann hatte starkes Übergewicht. Wie passt das in unser Bild? Nun, der »böse Junge«

wurde zur Strafe ohne Essen ins Bett geschickt. Der solchermaßen implementierte Glaubenssatz führte im Leben des Mannes zu Rückschlüssen und Strategien wie: »Nur liebe Jungen bekommen genug zu essen«; »Böse Jungen müssen ins Bett«; »Ich muss immer lieb sein.« Um lieb zu sein, musste er also viel essen und durfte nicht ins Bett gehen.

Zwei Wochen nach unserem Gespräch rief mich der Klient an und berichtete mir voller Freude, er habe sich ein Bett gekauft und gut darin geschlafen. Weitere vier Wochen später teilte er mir mit, er habe bereits zehn Kilo abgenommen.

In den meisten Schlafzimmern steht ein Kleiderschrank, in dem neben der Kleidung von Frau und Mann auch Handtücher und Bettwäsche untergebracht sind – zum Leidwesen mancher Frau, die sich bei ihrem Stadtbummel gerne noch das eine oder andere Kleidungsstück zulegen würde, wenn sie nur wüsste, wie sie es unterbringen soll. Sie könnte sich natürlich von anderen Stücken trennen, doch das ist nicht so leicht, schließlich hat sie nur schöne Teile, auf die sie unmöglich verzichten kann.

Auch im erheblich kleineren Abteil ihres Gemahls ist kein Platz, weil dort neben seinen drei Anzügen schon ihre Winterjacken hängen und der Rest von Bettwäsche und Handtüchern belegt ist. Es ist zum Verzweifeln.

Ein neuer Kleiderschrank muss her, besser noch ein begehbarer Schrank oder ein Ankleidezimmer. Das wäre die Lösung.

Der Traum vom begehbaren Kleider-schrank

In der Tat träumen sehr viele Frauen von einem begehbaren Kleiderschrank. In all den aktuellen Fernsehsendungen, in denen vom Schicksal gebeutelten Familien die Häuser von flinken Handwerkern in einer knappen Woche kernsaniert und designergestylt werden, erlebt der Zuschauer die Rührung der Hausfrau beim Anblick ihrer blitzend neuen Küche und der pikobello Kinderzimmer. Völlig überwältigt ist sie aber, wenn sie im Schlafzimmer den begehbaren Kleiderschrank entdeckt.

Stellen wir uns also vor, Sie ärgern sich über ihren Kleiderschrank, der zwar imposant ist und das halbe Schlafzimmer füllt, jedoch im Innern zu wenig Platz bietet. Wie gerne hätten Sie einen begehbaren Schrank mit ausreichend Fächern und Kleiderstangen! Beschreiben Sie Ihre Emotionen, zum Beispiel:

❖ Ärger über Architekten und Bauherren, die weibliche Bedürfnisse völlig missachten
❖ die Sturheit der Männer
❖ Verzweiflung über den Platzmangel

Im zweiten Schritte wird entschlüsselt. Dann finden wir vielleicht für:

❖ missachten   zielstrebig nach vorne schauen, bei der Sache bleiben
❖ stur   standfest
❖ verzweifeln   die Wahl haben

Als nächstes fragt sich die Frau in unserem Beispiel, wie es kommt, dass sie diese Fähigkeiten auszuleben vermeidet; wie es kommt, dass sie vermeidet, ihre Wahl zu treffen, und zielstrebig und standfest bei der Sache zu bleiben? Was könnte passieren, wenn sie das täte? Welche Reaktion welcher Person(en) könnte sie befürchten?

In einem ähnlichen Fall stellte sich nach einigen Fragen heraus, dass die Klientin der Meinung war, Frauen hätten in unserer Gesellschaft eine untergeordnete Rolle und müssten kuschen. Als sie erkannte, dass sie diesen falschen Glauben schon seit ihrer Kindheit in sich trug, und auch erkannte, wie sehr sie sich im Verlauf ihres Lebens bemüht hatte, es »Männern recht zu machen«, wie sehr sie vermieden hatte, ihrem Partner gegenüber irgendwelche Wünsche zu äußern, war sie gern bereit, sich davon zu verabschieden. Sie fand für sich die passende neue Idee: Ich will darauf vertrauen, dass ich all die Aufmerksamkeit bekomme, die ich haben will.

Wenige Tage später kam für diese Klientin während des Abendessens die ›Krönung‹ ihrer neuen Schwingung:

So ganz nebenbei meinte ihr Ehemann, er hätte im Keller so viele Regale gebaut, dass er sich jetzt zutraue, den »ollen Kleiderschrank« im Schlafzimmer rauszuwerfen und in Trockenbauweise einen begehbaren Kleiderschrank aufzubauen. Was sie denn davon hielte.

Das Bad

Wie groß ist das Badezimmer? Hat es ein Fenster? Gibt es eine Badewanne oder eine Dusche? Ein oder zwei Waschbecken? Ein Bidet? Ist die Toilette im Bad untergebracht, hinter einer Blende oder in einer Nische oder hat es einen eigenen Raum? Wie ist das Bad möbliert? Sind hier auch Waschmaschine und Trockner untergebracht? Gibt es Grünpflanzen?

Welchen Stellenwert hat Reinigung für mich? Mag ich ein ausgedehntes Bad in der Badewanne, womöglich bei Kerzenschein und sinnlicher Zweisamkeit? Oder dusche ich lieber huschhusch?

Sehe ich Reinigung als notwendiges Übel an oder als sinnliche rituelle Handlung? Verbringe ich viel Zeit im Bad und genieße es oder muss ich mich besonders ausgiebig reinigen, um mich ›sauber‹ zu fühlen, will ich vielleicht etwas (Unangenehmes) loswerden (abwaschen)? Bringe ich viel Zeit mit meinen Haaren zu, um »wohl behütet« aus dem Haus gehen zu können? Gebe ich meinem Körper viele Cremes von außen, vielleicht weil ich ihn innen weniger nähre? Ist genügend Licht im Bad? Oder scheue ich den klaren Blick auf mich selbst? Kann ich mich überhaupt im Spiegel sehen? Oder ist er mit Tiegeln und Töpfen zugestellt?

In den meisten Haushalten müssen sich alle Familienmitglieder ein einziges Bad teilen, in dem meist auch noch die einzige Toilette ist. Außerdem muss das Bad oft noch als Waschküche herhalten. Ist es unvermeidlich, dass sich Familien tagtäglich in einem relativ kurzen Zeitfenster zu dritt oder viert eine Toilette, eine Dusche und ein oder zwei Waschbecken teilen? Was denken sich Architekten und Bauherren, die solche Grundrisse entwickeln und bauen? Wie kommt es, dass Mieter und Käufer solche Vorgaben akzeptieren? Wie ist es zu erklären, dass sogar Familien solche Bäder bauen, auch wenn sie selbst Bauherr sind?

Akzeptieren und entschlüsseln

Im Kapitel »Geld regiert die Welt« haben Sie sich schon Fragen zu Ihren Wohnverhältnissen und dem Grundriss Ihrer Wohnung gestellt und aufgeschrieben, was Sie daran stört. Das war der erste Schritt: »Das Problem beschreiben.« Daran wollen wir nun anschließen und den zweiten Schritt der Spiegelgesetz-Methode durchführen: »Akzeptieren und entschlüsseln.«

Akzeptieren bedeutet, dass Sie sich von jeglicher Abwehr und Verschleierung lösen und die Wahrheit zulassen, dass Sie sich diese Ärgernisse und Widrigkeiten selbst in Ihr Leben geholt haben. Die Grundlage der Spiegelgesetz-Methode ist das Spiegelgesetz. Wir erschaffen mit der Kraft unseres Geistes bewusst oder unbewusst die Realität, in der wir leben. Das Spiegelgesetz gibt uns also Verantwortung in die Hand, doch die meisten wollen nicht wahr haben, dass sie selbst ihr Leben bestimmen. Es ist bequemer, anderen die Verantwortung zu übertragen und

Alles, was Ihnen widerfährt, ist ein Spiegel Ihres Bewusstseins

Schuld zuzuweisen, als sich selbst und damit sein Leben zu verändern. Wenn Sie aber darauf warten, dass Ihnen von außen positive Veränderungen in den Schoß fallen, während Sie sich selbst träge vom Alltag treiben lassen, werden Sie nur immer tiefer in den Sumpf sinken.

Jede Situation, die Ihnen widerfährt, jeder Mensch, dem Sie begegnen, die gesamte Umgebung, in der Sie leben, Ihre Familie, Ihre Wohnung, Ihr Arbeitsumfeld, Ihre Gemeinde, Ihr Staat mit seinen Politikern, aber auch der Zustand Ihres Körpers, Ihres Autos oder Ihres Bankkontos ist ein Spiegel *Ihres* Bewusstseins. Es sind

Ihre Gedanken, die konkrete Form annehmen und durch Ihre Handlungen Wirklichkeit werden, damit Sie im Außen sehen können, was Sie im Innen erschaffen haben. Wenn Ihnen daran etwas missfällt, ist es in Ihrer Macht, Ihre (innere) Geisteshaltung so zu verändern, dass erfreulichere (äußere) Ergebnisse möglich werden.

Sind Sie also anzuerkennen bereit, dass die Widrigkeiten, die Ihnen in Ihrem Zuhause begegnen, das Ergebnis Ihrer eigenen Geisteshaltung sind? Wenn Sie über diese Schwelle gehen können, öffnet Ihnen die Spiegelgesetz-Methode Türen in ein neues Leben, weil Sie alle Widrigkeiten in Geschenke verwandeln und Ihrem Alltag einen neuen Horizont geben können.

Nehmen Sie also nun die Liste von Ärgernissen, die Sie im Kapitel »Geld regiert die Welt« zusammengestellt haben. An der Liste betrachten wir die beschriebenen Eigenschaften wie »unbequem«, »zu eng«, »finster« und so weiter. Für jede dieser störenden Eigenschaften finden Sie zwei bis drei positive Eigenschaften, die jemand oder etwas braucht, um so sein zu können.

Bei der Suche nach den positiven Eigenschaften hilft die Fragestellung: »Was kann jemand besonders gut, der gut *[Eigenschaft]* sein kann?« Also zum Beispiel: »Was kann jemand besonders gut, der gut unbequem sein kann?«

Sie haben zum Beispiel das Wort »bedrohen« aufgeschrieben. Stellen Sie sich vor, Sie hätten eine Firma und bräuchten einen Mitarbeiter, der neben seinen anderen Qualifikationen auch die Fähigkeit hat, bei Bedarf »bedrohen« zu können. Vielleicht sind Sie Chef eines Inkasso-Büros und brauchen einen Mitarbeiter, der Schuldner persönlich aufsucht und zur Zahlung auffordert. Was sollte dieser Mitarbeiter können, um gut bedrohen zu können? Hat dieser Mitarbeiter vielleicht eine besondere Ausstrahlung, kann sachlich sein, standfest, bestimmt, deutlich?

Finden Sie auf diese Weise für jedes Wort Ihrer Liste entsprechende positive Eigenschaften und weiter unten führen wir dann den Prozess fort.

Kinderzimmer

Gewöhnlich ist das oder sind die Kinderzimmer die kleinsten Zimmer im Haus oder in der Wohnung, obwohl sie besonders intensiv genutzte werden. Nach der DIN, die Untergrenzen für die Flächen bestimmt, ist ein Kinderzimmer kleiner als eine Garage. So wachsen die meisten Kinder in ›Schuhkartons‹ auf und freuen sich später über ihre erste eigene Wohnung, selbst wenn es nur ein Zimmer, Küche, Bad auf achtundzwanzig Quadratmetern sind. Obwohl jeder weiß, dass Kinder Platz brauchen, bekommen sie meist ein viel zu kleines Zimmer. Weil der Platz beengt ist, versuchen die Kinder, auf andere Flächen auszuweichen. Dann breiten sich Spiel- und Schulsachen über Treppenhaus, Diele, Küche und Wohnzimmer aus, was regelmäßig zu Ärger und Streit Anlass gibt.

Wie groß ist das Kinderzimmer? Wie viel Platz gestehe ich meinem Kind zu? Kann es sich in seinem Zimmer entfalten? Wie nah oder weit entfernt ist es vom Schlafzimmer der Eltern? – Welches Verhältnis habe ich zum Kindlichen und dem inneren Kind in mir?

Obwohl Kinder viel Platz brauchen, sind Kinderzimmer gewöhnlich winzig

Wie ist das Kinderzimmer eingerichtet? Betrachten Sie die einzelnen Möbelstücke, wie bereits gezeigt. Wie weit darf mein Kind die Einrichtung mitbestimmen oder das Zimmer dekorieren? Beklage ich mich ständig über die Unordnung und räume das Zimmer auf? – Wie weit mische ich mich in die Angelegenheiten meines Kindes ein? Wie viel Intimsphäre gestehe ich meinem Kind zu?

Wieso wird einem Kind verwehrt, sich in seinem eigenen Zimmer so zu entfalten, wie es das möchte? Was würden Eltern sagen, wenn sie von ihren Kindern aufgefordert würden, im Ess-, Wohn- oder Schlafzimmer aufzuräumen? Wer entscheidet, wie Ordnung auszusehen hat? Es kann sogar hilfreich sein, wenn Sie Ihr Kind in seinem Zimmer gewähren lassen, denn so können Sie mit einem Blick in das Zimmer sofort wissen, wie es um Ihr Kind bestellt ist. Ist mein Kind zufrieden und in seiner Mitte oder ist es aufgewühlt, durcheinander, zerstreut?

Wenn im Kinderzimmer ein großes Chaos herrscht, habe ich ein sicheres Indiz dafür, dass es auch in meinem Kind ein Chaos gibt. Wie kann ich meinem Kind jetzt helfen? Sicher nicht, indem ich schimpfe und verlange, dass es endlich aufräumt. Vielleicht macht es mehr Sinn, mein Kind in den Arm zu nehmen und ihm eine Möglichkeit zu geben, mir von seinem Kummer zu erzählen, damit ich die Ursache für das große Chaos erfahre.

Wie gehe ich mit meinem inneren Kind um? Darf es sich ausleben oder hat es mit meinem Erwachsensein das Recht auf Freiheit und Kreativität verwirkt? Vielleicht mögen Sie hierzu noch einmal einen Blick ins Wohn- und Esszimmer werfen?

Die Sprache der Spiegel

Wir meinen, ein Spiegel zeige uns unbestechlich ein Abbild der Realität. Und das stimmt ja auch. Doch Vorsicht, wenn wir uns schlecht fühlen und in den Spiegel schauen, finden wir, dass wir schlecht aussehen. Das Spiegelbild ist zwar objektiv, doch was wir darin sehen, bestimmt unsere Gemütslage und natürlich unsere Geisteshaltung. Auch ein Spiegel zeigt mir also zunächst

Wie kann mein Zuhause mein Spiegel sein? nur, was *ich* sehe oder zu sehen glaube. Wenn mir also ein angeblich so objektiver Badezimmerspiegel doch nur zeigt, was ich sehen will (oder kann), wie ist es dann mit allen anderen Dingen und Menschen um mich herum. Wie kann meine Umwelt und zum Beispiel mein Zuhause mein Spiegel sein?

Herr Huber kommt kaputt von der Arbeit und schon muss er sich ärgern, weil er nicht duschen kann, denn die Heizung ist ausgefallen. Nun stellen Sie sich vor, wir sagen Herrn Huber, die Heizung mit ihrem ›Verhalten‹ würde ihn letztlich nur spiegeln. Wie reagiert Herr Huber darauf?

Vermutlich wird er uns einen Vogel zeigen oder, wenn er höflicher ist, innerlich nur den Kopf schütteln. Herr Huber wird verärgert sein Abendbrot hinunterschlingen, sich über das wie immer schlechte Fernsehprogramm ärgern, sich mit seiner Frau streiten, die Kinder anschnauzen, missmutig zu Bett gehen, schlecht schlafen und am nächsten Morgen...

Die Spiegelgesetz-Methode ist eine Einladung, diese fatale Kausalität zu beenden und Verantwortung für das eigene Leben zu übernehmen. Betrachten wir also einen

Herrn Huber, der in den Spiegel schaut, den ihm seine Heizung vorhält.

Ein Spiegel bildet alles spiegelverkehrt ab oder anders ausgedrückt, der Spiegel zeigt uns die Kehrseite einer Medaille. Für Herrn Huber heißt das zunächst: Wie draußen, so drinnen.

So erkennt Herr Huber: Meine Heizung nervt mich, also nerve ich mich auch in irgendeinem Bereich meines Lebens. Meine Heizung lässt mich im Stich, also lasse ich mich in irgendeinem Bereich meines Lebens im Stich. Meine Heizung ist kalt, also bin ich in irgendeinem Bereich meines Lebens zu mir kalt. (Nicht etwa zu anderen, sondern zu mir selbst.)

Das war der erste Schritt, das Problem zu beschreiben. Wie gesagt zeigt der Spiegel aber alles spiegelverkehrt. Deshalb fragt sich Herr Huber nun, was die Kehrseite der Medaille ist. »Was kann jemand besonders gut, der nervig sein kann?«

Er tut sich schwer, dem negativ besetzen Begriff etwas Positives abzugewinnen. Deshalb behilft er sich mit der Fragestellung: »Was kann jemand besonders gut, der nervig ist?« Vielleicht ist er zielstrebig, ausdauernd und treffsicher.

Was ist das für eine Gabe, nerven zu können? Stellen Sie sich beispielsweise einen Vertreter vor. Er muss stetig dranbleiben, seine Kunden immer wieder ansprechen. Er muss auch immer wieder ihren »Nerv treffen«, er muss den Punkt treffen, an dem der Kunde bereit ist, auf sein Produkt oder sein Angebot einzugehen. Die positiven Eigenschaften, ausdauernd, zielstrebig und treffsicher zu sein, sind also in dem Begriff nervig sozusagen spiegelverkehrt enthalten, sind die andere Seite der Medaille nervig.

Schauen wir uns auch das zweite Ärgernis an: »Meine Heizung lässt mich im Stich«. Was kann jemand gut, der andere ›im Stich lässt‹? Kann es sein, dass er gut loslassen kann und Vertrauen hat? Stellen Sie sich zum Beispiel einen Abteilungsleiter vor. Er muss seine Mitarbeiter mit Aufgaben alleine lassen können, braucht dazu Vertrauen in ihre Fähigkeiten, muss sie loslassen können. Er kann ja nicht überall und zu jeder Zeit gleichzeitig sein und er kann auch nicht alles selbst machen.

Drittes Ärgernis: »Meine Heizung ist kalt.« Was kann jemand gut, der besonders gut kalt sein kann? Wo könnten wir einen solchen Mitarbeiter gebrauchen? Nirgends? Kann es sein, dass ein solcher Mitarbeiter die Fähigkeit hat, sich nicht von seinen Gefühlen leiten zu lassen und sachlich und klar Entscheidungen zu treffen?

Weil Herr Huber Mut und Kraft hatte, in den Spiegel seiner defekten Heizung zu schauen, konnte er mit der Spiegelgesetz-Methode seine Geschenke finden, denn dies war der zweite Schritt der Methode: Akzeptieren und entschlüsseln. So hat Herr Huber herausgefunden, dass er ein Mensch mit Ausdauer ist, zielstrebig und treffsicher.

Er bleibt immer klar und sachlich, hat großes Vertrauen und kann gut loslassen.

Statt zu duschen wäscht sich Herr Huber und genießt dann freudig das Abendbrot mit seiner Familie. Seine Frau hat sein Lieblingsessen zubereitet und die Kinder sind ausgeglichen und fröhlich. Auf das trotz allem immer schlechte Fernsehprogramm verzichtet Herr Huber und zieht sich nach dem Abendessen in sein Arbeitszimmer zurück, denn er will sich in Ruhe dem dritten Schritt zuwenden: Danken und vergeben.

Herr Huber weiß, dass er vermeidet, seine positiven Fähigkeiten auszuleben. Es gibt offensichtlich ein »inneres Verbot«. Deshalb spürt Herr Huber in sich hinein, wie es wohl wäre, wenn er alle seine positiven Fähigkeiten immer und hundertprozentig lustvoll ausleben würde. Wohin führen ihn seine inneren Bilder? Meldet sich vielleicht ein Gefühl? Kommt ihm vielleicht eine Erinnerung? Was ist ihm wann passiert, als er ausdauernd, zielstrebig, treffsicher, klar oder sachlich war – sich vielleicht von irgendetwas oder jemandem verabschiedet, getrennt hat? Fragen, die nur Herr Huber selbst beantworten kann.

Einen ersten schnellen Satz, der Herrn Huber in den Sinn kommt, kann er aufgreifen. Mit der Gegenfrage: »Na und, was ist so schlimm daran, wenn *[Aussage des Satzes einsetzen]*? Was macht das schon!«, provoziert er einen weiteren Satz und einen weiteren und einen weiteren, bis er schließlich zum Kern vorgedrungen ist und den Glaubenssatz erkennt, der dahinter liegt.

Herr Huber verabschiedet sich von diesem Glaubenssatz und geht ausgeglichen und heiter zu Bett. Er wird gut schlafen und am nächsten Morgen... Vielleicht erinnert sich Herr Huber an einen intensiven und wichtigen Traum oder er wacht mit einem Gedanken auf. Auf jeden Fall will er am nächsten Tag mit dem vierten Schritt den Prozess abschließen und eine neue Idee entwickeln.

An dieser Stelle möchte ich auf die Liste zurückkommen, die Sie im Kapitel »Geld regiert die Welt« zusammengestellt haben. Inzwischen haben Sie für jedes Ärgernis auch schon einen positiven Begriff gefunden. Wie soeben am Beispiel von Herrn Huber gezeigt, können Sie sich nun fragen, wieso Sie vermeiden, diese positiven Fähigkeiten auszuleben. Was wäre daran so schlimm für Sie? Welche Folgen könnte das für Sie haben? Fällt Ihnen eine Person ein, die in irgendeiner Weise negativ reagieren würde?

Lassen Sie diese Fragen auf sich wirken. Welche inneren Bilder steigen auf? Erinnern Sie sich an eine Situation, vermutlich in früher Kindheit, wo eine oder mehrere dieser Eigenschaften zu unangenehmen Folgen führte? Sie können das Buch gerne erst einmal beiseite legen. Geben Sie sich Ihren Gedanken und Gefühlen ganz hin, denn Sie sind gerade auf dem besten Weg, einen eigenen schädlichen Glaubenssatz in sich selbst aufzuspüren.

Der Keller

Psychologen sehen im Haus ein Symbol für die Seele. Der Keller steht dabei für das Unbekannte und Unbewusste. Wenn Sie in den Keller gehen, welche Gefühle beschleichen Sie dabei? Was für Gedanken kommen Ihnen? An welche Bilder erinnern Sie sich? In den Keller kann man alles abschieben, was ›im Haus‹ nicht mehr gebraucht wird. Im Keller lagern nicht nur Vorräte und Werkzeuge, sondern alles, was für die Wohnung zu schmutzig oder zu sperrig ist.

Der Keller ist Symbol für das Unbewusste

Hat Ihr Haus überhaupt einen Keller? Viele Häuser werden heute aus Kostengründen ohne Keller gebaut. Welche Auswirkungen hat der fehlende Keller auf die verschiedenen Zimmer Ihrer Wohnung? Wenn Sie in einem Mietshaus wohnen, ist Ihr Keller vielleicht nur ein kleiner Lattenverschlag, durch den man hindurchsehen kann. Wie geht es Ihnen damit, dass Ihre ›Innereien‹ so sichtbar vor allen Mitbewohnern ausgebreitet liegen? Oder ist Ihr Keller tipptopp aufgeräumt?

Was für Räume befinden sich in Ihrem Keller und wie werden sie genutzt? Gibt es einen Heizungskeller, ein Tanklager, eine Waschküche, einen Trockenraum, einen Vorratsraum, einen Hobbyraum, ein Spielzimmer, einen Partykeller, einen Fitnessraum, eine Sauna? Vielleicht gibt es auch ein Gästezimmer. Oder haben Sie Ihr Büro in den Keller gelegt, vielleicht sogar ein Schlafzimmer oder ein Kinderzimmer?

Wie sind diese Räume eingerichtet? Sind sie sauber und gepflegt oder gleichen sie eher einer Rumpelkammer? Sind sie wohnlich gestaltet und gehe ich gern dorthin oder grause ich mich davor, in einen Keller zu gehen? – Gehe ich in *mir* in die Tiefe? Oder habe ich davor Angst? Wie steht es um die Ausbaumöglichkeiten in meinem Leben? Wie gehe ich mit meiner Vergangenheit um? Lasse ich lieber alles im Dunkeln oder bin ich bereit, von Zeit zu Zeit auch in mir und meinem Unterbewusstsein aufzuräumen?

Zum Thema Keller fällt mir Carla[*] ein. Carla hatte wiederholt Probleme mit Wasser. Zum Beispiel stand schon mal ihr Keller unter Wasser. Ich muss ein wenig ausholen, damit der Umfang dieses Falls später deutlich werden kann.

Stellen Sie sich vor, Sie wären nur knapp ein Jahr alt von einem Steg in einen See gefallen. Sie wurden aus

[*]selbstverständlich sind alle Namen in Fallbeispielen geändert

dem Wasser gezogen und mussten reanimiert werden. Diese dramatische Situation hat sich natürlich in Ihr kindliches Unterbewusstsein gebrannt. Nun stellen Sie sich weiter vor, dass Sie bald darauf Ihre Eltern durch einen tragischen Unfall verloren hätten und deshalb bei Ihren Verwandten in Amerika aufgewachsen

Carlas Problem mit Wasser

wären. Diese Verwandten wussten nichts von Ihrem Sturz ins Wasser. Deshalb ist nie weiter über diesen Vorfall gesprochen worden, so dass Sie sich (bewusst) auch nicht daran erinnern können, weil Sie damals viel zu klein waren.

In Ihrer Jugend meiden Sie zwar Wasser, aber das fällt nicht wirklich auf, weil kein Zusammenhang gesehen wird. Sie haben nie Schwimmen gelernt, weil Sie es möglichst vermeiden, Wasser wirklich nahe zu kommen. Und wenn es im Urlaub ans Meer gehen sollte, haben Sie gezickt. Sie haben sich standhaft geweigert, Boote oder Schiffe zu betreten und wenn Sie über eine Brücke gehen müssen, beschleicht Sie Panik. Wenn Sie heute einen Spaziergang mit Ihrer Familie machen und an ein Fluss- oder Seeufer kommen, halten Sie sich instinktiv zurück. Und wenn Ihre Kinder im Schwimmbad sind, sitzen Sie wie gelähmt zuhause und warten darauf, dass sie zurückkommen. Sie merken wohl, dass da irgendetwas mit Ihnen los ist, aber Sie können es überhaupt nicht verstehen.

So oder ähnlich mag es sich abgespielt haben, als eines Tages Carla in meine Praxis kam. Sie war Mitte Dreißig und hatte schon so lange sie denken konnte panische Angst vor Wasser. Immer wieder kam sie in für sie erschreckender Weise mit Wasser in Berührung. Das hatte sie schließlich in meine Praxis geführt. An einem früheren Wohnort hatte sie ein Hochwasser erlebt und war danach umgezogen. Im nächsten Haus hatte sie nach heftigen Regenfällen den Keller voller Wasser. Daraufhin war sie in eine Penthouse-Wohnung gezogen, wo sie nun mit einem Wasserschaden durch das defekte Flachdach zu tun hatte. »Ich werde vom Wasser verfolgt«, sagte sie. »Wenn ich diese Phobie nicht in den Griff bekomme, lande ich noch in einer Anstalt.«

Als ich ihr von der Spiegelgesetz-Methode erzählte, konnte sie damit zunächst gar nichts anfangen. Es klang ihr »viel zu einfach«. Dann erläuterte ich ihr das Gesetz von Ursache und Wirkung. Mit den Beispielen, die ich dafür brachte, konnte sie »schon eher etwas anfangen«. Schließlich haben wir ihr Wasser-Thema gespiegelt.

1 Beschreiben

Carla: »Wasser ist für mich bedrohlich, kalt, unberechenbar, zerstörend, unheimlich, fordernd.«

2 Akzeptieren und entschlüsseln

Carla war bereit, sich darauf einzulassen, dass sie sich dieses immer wiederkehrende Wasser-Thema selbst in ihr

Leben geholt hat. »Einen Versuch ist es wert«, meinte sie und fand für die negativen Eigenschaften die für sie stimmigen positiven Entsprechungen:

- ❖ bedrohlich   immense Kraft
- ❖ kalt   sachlich
- ❖ unberechenbar   spontan
- ❖ zerstörend   liebt das Neue

Carla ist also eine Frau, die immense Kraft hat, das Neue liebt, immer spontan ist und doch sachlich bleibt. Wie kommt es, dass Carla diese wunderbaren Eigenschaften nicht lebt? Oder anders gefragt, was ist so schlimm daran, wenn sie diese Eigenschaften lebt?

»Dann halten mich alle für ein Mannweib.« – *Na und, was ist daran so schlimm, was andere denken? Was macht das schon.* – »Dann will keiner mehr was mit mir zu tun haben. Solche Frauen sind in unserer Gesellschaft unbeliebt. Frauen können damit nichts anfangen und Männer haben Angst vor solchen Frauen.« – *Na und, was ist daran so schlimm? Was macht das schon.* – »Dann finde ich nie einen Partner und muss einsam sterben.« – *Willst du damit sagen, dass starke Frauen einsam sterben müssen?* – »Ja, das ist wahr. Das ist immer so. Das kann man in der Geschichte lesen. Das erlebe ich in meinem Bekanntenkreis, in meiner Familie, überall.«

Das ist absolut falsch. Solange sie diesen Glaubenssatz behält, wird er sich weiter Bestätigung suchen und auch finden, weil sie ja daran glaubt. So verbietet sie sich quasi selbst, einen Partner zu finden, der sehr wohl mit einer starken Frau zusammenleben will. Ja, sie erstickt die Chance im Keim, einen solchen Mann überhaupt kennen zu lernen.

3 Danken und aufgeben

Carla sieht den Zusammenhang von Ursache und Wirkung ein und versteht deshalb jetzt auch, dass sie sich bei all den ärgerlichen Wasser-Einbrüchen bedanken soll, weil sie ihr ein großes Geschenk gemacht haben, denn sie konnte so einen schädlichen Glaubenssatz erkennen und dadurch erlösen.

Nun ist Carla aber über sich selbst verärgert, dass sie nicht schon früher etwas unternommen hat, um der Sache auf den Grund zu gehen. Schließlich versteht sie aber, dass sie sich auch bei sich selbst bedanken kann, weil sie jetzt die Lösung gefunden hat. Früher wäre sie dazu eben noch nicht bereit gewesen. Umso schöner, dass sie es jetzt geschafft hat. Sie kann richtig stolz auf sich sein.

Carla ist bereit, dieses schädliche Denkmuster ein für allemal zu verabschieden. Sie schreibt den falschen Glaubenssatz auf einen Zettel und verbrennt ihn feierlich.

4 Neue Idee

Nachdem die falsche Überzeugung verraucht ist, setzt sich Carla in eine stille Ecke, schafft sich eine meditative Atmosphäre und öffnet sich für Gedanken, die ihren neuen, positiven Glaubenssatz formulieren. Schließlich schreibt sie mit einem roten Stift auf einen rosa Zettel: »Ich bin wertvoll, anerkannt und geliebt.« Den Zettel faltet sie ganz klein und legt ihn in ein Medaillon, das sie 21 Tage lang um den Hals trägt, damit es sie immer wieder an ihre neue Geisteshaltung erinnert.

Vier Wochen später meldet sich Carla und bittet um einen weiteren Termin. Sie sagt, Sie fühle sich schon um einiges besser, spüre jedoch, dass dieses Thema noch eine tiefere Ursache habe. Sie sei jetzt bereit, sich das Wasser-Thema noch genauer anzuschauen und vollständig zu erlösen.

In der Sitzung erzählt sie, sie könne zwar anders als früher bei dem Gedanken an Wasser die Ruhe bewahren, doch nun wollte sie einen Schwimmkurs belegen und da habe sie gemerkt, dass sie wohl doch noch ein Problem mit Wasser habe. Also gehen wir mit der Problemsituation, wie sie sich jetzt zeigt, erneut in den Prozess.

1 Beschreiben

Im ersten Schritt beschreibt Carla das Problem: »Ich empfinde Wasser noch immer als bedrohlich und das macht mich traurig, mein Herz rast.« Diese Problembeschreibung enthält die Eigenschaften bedrohlich, rasend und traurig.

2 Akzeptieren und entschlüsseln

Im zweiten Schritt entschlüsseln wir diese negativen Eigenschaften gemeinsam, indem wir nach spiegelverkehrten förderlichen suchen. Carla entscheidet schließlich, was bedrohlich ist, hat Ausstrahlung und ist selbstsicher; was rasend ist, hat viel Kraft und Ausdauer; und wer traurig ist, der ist tiefer Gefühle fähig.

Carla ist also an sich ein Mensch mit viel Kraft, Ausdauer und großer Ausstrahlung, der selbstsicher ist und ein tiefes Gefühlsleben hat. Kaum habe ich gefragt, wie es denn kommt, dass sie diese wunderbaren Fähigkeiten auszuleben vermeidet, sieht Carla vor ihrem inneren Auge eine diffuse Szene. Sie braucht eine Weile, bis sie durch meine Unterstützung ein »Bild« erkennt, in dem sie offensichtlich in großer Gefahr im Wasser liegt. Und ganz unvermittelt sagt sie: »Ich bin böse und schuld an Papas Leid.«

Eine Weile ist Carla von Gefühlen überwältigt. Dann beruhigt sie sich allmählich. Sie ist völlig erstaunt darüber, was sie gerade gesagt hat.

Carla erkennt[*] mit einer Sicherheit, die niemand nachempfinden kann, dass

---

[*]Dieses Buch beschreibt den Vier-Schritte-Schlüssel der Spiegelgesetz-Methode von Christa Kössner in Anwendung auf die Wohnsituation. Allein damit hätte sich Carla schwer getan, die Zusammenhänge in dieser Tiefe zu erkennen. Bei dieser Klientin kam eine erweiterte und praxisorientierte Methode zum Einsatz, die über »die sieben Stufen zur inneren Heilung« führt und die ich »Lebensspiegel« nenne. Ein Buch über diese erweiterte Spiegelgesetz-Methode ist in Vorbereitung.

1. sie diesen Glauben sich ganz allein selbst zurechtgemacht hat;

2. dieser Glaube falsch ist;

3. welche unbewussten Strategien sie entwickelt hat, um diese ›Wahrheit‹ zu verbergen;

4. welche Anstrengung sie das gekostet hat

5. und erkennt, dass dieser falsche Glaube offensichtlich auch der Grund ist, warum sie noch immer allein lebt. Wie oft ist sie Männern regelrecht davon gelaufen, sobald diese eine feste Bindung mir ihr eingehen wollten. Dabei sehnt sie sich nach einer beglückenden Partnerschaft.

3 Danken und aufgeben

Weil Carla vier Wochen zuvor schon einmal einen falschen Glauben in sich entdeckt und dankbar verabschiedet hat, fällt es ihr dieses Mal noch viel leichter, sich bei den ›Widrigkeiten‹ zu bedanken. Dieses Mal erlebt sie eine solche innere Befreiung, dass sie es kaum erwarten kann, das Papier, auf dem ihr falscher Glaube geschrieben steht, in Rauch aufgehen zu sehen.

4 Neue Idee

Nun entwirft Carla eine neue Idee. Im zweiten Schritt hat sie entdeckt, dass sie Ausstrahlung hat und selbstsicher ist. Sie hat Kraft und Ausdauer und ist tiefer Gefühle fähig. Sie probiert einige Varianten:

❖ Ich erlaube mir, meine Kraft und Ausdauer selbstsicher auszustrahlen.

Klingt schon ganz gut, doch etwas fehlt. Vielleicht:

❖ Es fühlt sich für mich gut an, meine Selbstsicherheit zu leben.

Nein, das ist es auch nicht. Das hat zu wenig Kraft. Das Entscheidende fehlt. Ihr neues Lebensgefühl hat etwas mit Liebe zu tun und sich selbst zu vergeben:

❖ Ich bin auf dem besten Weg, mir zu vergeben und mich zu lieben.

Ja, das ist gut, das hat Kraft. Carla erkennt, dass sie mit dieser neuen Idee ihre Kraft und Ausdauer selbstsicher leben kann. Und wenn sie sich selbst liebt, dann ist sie natürlich auch anderen gegenüber tieferer Gefühle fähig.

Drei Wochen später lernte Carla ihren heutigen Ehemann kennen, mit dem sie heute glücklich und zufrieden am Starnberger See wohnt. Inzwischen hat sie auch Schwimmen gelernt und liebt es, im Urlaub zu tauchen.

Büro

Im Büro wird gearbeitet, na klar. Aber arbeiten ist nur sinnvoll möglich, wenn eine entsprechende professionelle Ordnung und Systematik herrscht. Deshalb sagt der Blick ins Büro viel über entsprechende Eigenschaften aus.

Was nenne ich überhaupt mein Büro? Handelt es sich dabei um ein separates Zimmer, eine Schreibecke oder einen Sekretär im Wohnzimmer? Oder ist mein ›Büro‹ nur ein Karton, dessen Inhalt bei Bedarf auf dem Küchen- oder Couchtisch ausgebreitet wird?

Wenn es ein Zimmer gibt, das ich Büro nenne, wird darin nur gearbeitet oder wird es auch zum Basteln, Fernsehen, Bügeln und so weiter genutzt? Wie ist das Büro eingerichtet? Gibt es einen Schreibtisch? Einen Computer-Tisch? Regale oder Schränke? Aktenschränke? Bürogeräte wie Drucker, Fax, Aktenvernichter? Gibt es ein Kabel–Wirrwarr oder habe ich die Kabel fein säuberlich in Kabelkanälen verlegt?

Wo im Haus befindet sich das Büro? Auf einer Ebene mit den Wohnräumen oder auf dem Dachboden oder im Souterrain? Wenn mein Büro im Erdgeschoss liegt, ist es ein kleiner Raum neben dem Wohnzimmer oder eine Kammer hinter oder neben der Küche?

Der Dachboden hat eher Bezug zum Oberstübchen, also dem genialen und verstandesbetonten Denken. Gibt es nur eine Dachluke oder kann ich durch ein Fenster hinaus schauen? Sehe ich dann nur den Himmel? Bin ich bei meiner Arbeit in einem Wolkenkuckucksheim oder greife nach den Sternen?

Oder befindet sich mein Büro im Keller? Handhabe ich meine Geschäfte eher im Unterbewussten, sind sie also noch nicht spruchreif? Müssen meine Ideen erst noch geboren werden, das Licht der Welt erblicken und scheuen solange das Tageslicht? Traue ich es mir überhaupt zu, meine Ideen ans Tageslicht zu bringen?

Wie groß ist mein Büro? Wieviel Platz habe ich für meine Geschäfte? Wieviel Zeit verbringe ich dort? Welcher

Was nenne ich mein Büro oder Arbeits- zimmer?

Art sind die Angelegenheiten, die ich dort erledige?

Mit Möbeln welcher Art habe ich den Raum eingerichtet? Habe ich einen verschlissenen alten Schreibtisch oder ein antikes Familienstück? Habe ich mich für eine praktische Kombination über Eck entschieden oder genügt mir ein Brett auf zwei Böcken? Und auf was für einem Stuhl sitze ich? Auf einem Bürostuhl, einem Chefsessel, einem Küchenstuhl? Oder auf einem Sitzball, einem Kniestuhl oder einem anderen ungewöhnlichen Sitzmöbel, das vielleicht aus dem Wohnbereich verbannt worden ist?

Wie steht es um die Ordnung? Habe ich so viele Ideen, dass ich den Wald vor lauter Bäumen nicht sehen kann? Oder arbeite ich nach dem Motto: »Wer Ordnung hält, ist nur zu faul zum Suchen«? Verzettele ich mich gerne in Details?

Besuchen Sie nun mit mir im Geiste die Büroräume verschiedener Personen. Das Ziel dabei ist nicht etwa, Eigenarten irgendwelcher Berufsstände aufzuspießen, aber könnten ein Handwerker und ein Notar einfach ihre Büroräume tauschen? Warum nicht? Worin unterscheiden sie sich? Wenn ich in der Folge die verschiedenen Räume beschreibe, dann setzen Sie doch in Ihrer Vorstellung die passenden Damen oder Herren entsprechend zurechtgemacht hinein.[*] Ich möchte Sie damit ermuntern, anschließend Rückschlüsse auf Ihr eigenes Arbeitszimmer zu ziehen.

Im ersten Büro ist der Boden mit Linoleum ausgelegt. Zwei Schreibtische kompakter Bauart stehen einander gegenüber. Sie sind aus Holz oder Stahl und haben Unterschränke mit Schiebladen. Über Eck steht an jedem der beiden Schreibtische noch ein kleinerer Anbautisch, auf dem sich je ein Monitor mit Tastatur befindet. In der Mitte der Tische, auf einem Drehteller steht das Telefon, das von beiden Personen benutzt wird, wozu es hin- und hergeschwenkt werden kann.

[*]Auflösung auf Seite 139

Hinter jedem Computertisch befindet sich jeweils ein Fenster.

Die Bürostühle sind schlicht und haben keine Armlehnen. An der hinteren Wand stehen mehrere Stahlschränke, einer hat Türen, die anderen Auszüge sind für Hängemappen. Auf den Stahlschränken stehen Ablagekörbchen, darüber hängt eine große schlichte Wanduhr. In der Ecke steht ein Tisch mit einem Drukker, an den beide Computer angeschlossen sind. Von der Eingangstür werden die Schreibtische durch einen Tresen abgegrenzt, auf dem neben etlichen Ablagekörbchen und Prospektmaterial auch ein Faxgerät steht. Auf der Fensterbank stehen einige Pflanzen in verschieden farbigen Übertöpfen.

Das zweite Büro sieht ganz ähnlich aus, nur sind die Einrichtungsgegenstände hier alle aus Holz und die Bürostühle sind komfortabler. Außerdem fehlt der Tresen und neben jedem Schreibtisch steht ein Besucherstuhl.

Das dritte Büro ist mindestens um die Hälfte größer als die ersten beiden. Auf dem Boden liegt eine strapazierfähige Auslegeware. Sie ist farblich auf die modernen Schreibtische mit Rollcontainern abgestimmt. Der Raum wird durch zwei Sideboards und zwei Highboards geteilt, die Rücken an Rücken stehen, so dass zwei Kojen entstehen. Auf dem Sidebord sind Faxgerät und Drucker untergebracht, auf dem Highboard steht eine Pflanze, die zum Sideboard hinunterrankt. Auf dem Boden steht ein großer rechteckiger Hydrokulturtopf mit einer hohen Blattpflanze, die einen zusätzlichen Sichtschutz bietet.

Vor den Schreibtischen stehen je zwei bequeme Besucherstühle. Die orthopädischen Bürostühle sind farblich passend zur Auslegware. Jeder Schreibtisch ist mit einem schnurlosen Telefon und einem Notebook ausgestattet. Die Ordner im Schrank passen farblich zur Einrichtung.

Büro Nummer vier ist nur halb so groß wie das dritte und ist mit grauer Auslegware ausgestattet. Es hat nur einen Schreibtisch, der Bürostuhl ist allerdings aus schwarzem Leder. Auf dem Schreibtisch stapeln sich um den Flachbildschirm und die Tastatur viele Akten und Papiere. Die Besucherstühle vor dem Schreibtisch sind schlichte Freischwinger. Die Regalwand hinter dem Schreibtisch ist mit dicken Fachbüchern und Fachzeitschriften vollgestopft. Im Sideboard hinter den Besucherstühlen stehen Ordner an Ordner. Auf dem Sideboard stapeln sich weitere Akten, Papierberge und Zeitschriften. Auch an den Gummibaum neben dem Schreibtisch lehnt sich ein Aktenstapel und in der Zimmerecke hinter der Tür stehen etwas schief aneinandergedrückt drei weitere hüfthohe Stapel.

Das fünfte Büro ist mindestens doppelt so groß wie das dritte. Auf dem Parkettboden liegt ein großer Perserteppich. Der Schreibtisch ist wuchtig, eine alte Handwerksarbeit. Die Platte hat eine eingelassene Lederfläche, die Schubladen Messinggriffe. Der große Schreibtischstuhl ist aus dunkelbraunem gepolstertem Leder. Hinter dem Schreibtisch steht über die ganze Breite des Raums und bis unter die Decke ein Regal voll mit imposanten Folianten. Ein langer, schwerer Tisch steht mit der Schmalseite angrenzend direkt vor dem Schreibtisch, rechts und links je drei schwere Stühle. An den Wänden hängen Ölgemälde in geschnitzten Goldrahmen.

Dachboden

Der Dachboden ist dem eigentlichen Haus entrückt. Oft ist er nur über eine schwer begehbare Treppe oder Ausziehleiter zu erreichen, selten wird er betreten. Hier werden gern ausrangierte Kleidung und Dekorationen verwahrt, von denen man sich nicht trennen kann, weil Erinnerungen daran hängen. Ein solcher Dachboden ist ein Ort der Träume und Gedanken. – Kann ich mich von Dingen, Begebenheiten, Erinnerungen trennen oder bin ich in der Vergangenheit stecken geblieben?

Wie habe ich diese Erinnerungsstücke abgestellt? Verstauben sie oder habe ich sie fein säuberlich gestapelt und abgedeckt? Will ich sie jemals wieder gebrauchen? – Wie gehe ich mit meiner Vergangenheit und meinen Erinnerungen um?

Gehe ich gerne dorthin oder meide ich den Dachboden? Gehe ich vielleicht manchmal sogar auf den Dachboden, um in der Erinnerung zu schwelgen?

Vielleicht ist Ihr Dachboden aber auch ausgebaut? Haben Sie dort ein Refugium für sich oder Ihre Kinder? Gibt es da ein Büro, ein Nähzimmer, eine Bastelstube, ein Spielzimmer, ein Gästezimmer oder eine gemütliche Lesestube? Ziehe ich mich gerne dorthin zurück? Habe ich Dachgauben eingebaut und kann die Aussicht genießen? – Wie stehe ich zu meiner Kindheit? Habe ich angenehme Erinnerungen oder will ich diese Zeit am liebsten verdrängen und jede mögliche Erinnerung gründlich beiseite schieben?

Was ist los im Oberstübchen?

Ich bin, was ich denke

*I*ch werde immer wieder gefragt, ob es denn wirklich möglich sei, »mal eben einen Satz zu verbrennen« und sich damit von ihm zu befreien, durch einen neuen Satz zu ersetzen und dadurch deutliche Veränderungen herbeizuführen. Meine Antwort ist eindeutig: Ja, es ist möglich. Alles *ist* möglich.

Die mystischen Traditionen lehren seit Jahrtausenden, der Geist schaffe die Materie. Die ›moderne‹ Naturwissenschaft hat das lange als esoterischen Blödsinn abgestempelt. Doch in unserer Zeit sind immer mehr Menschen davon überzeugt, dass die Energie, die wir in Form von Gedanken aussenden, unsere Wirklichkeit schafft.

Inzwischen ist sogar die Physik so tief in die Materie eingetaucht, dass sie ihre Auflösung beschreibt. Angefangen hat es mit Einsteins Gedanken und Theorien, aber die aktuelle Physik blickt viel, viel tiefer und nähert sich dabei immer mehr den Ideen überlieferter Mystik.

Frittjof Capra schreibt:* »Die alten östlichen Philosophen und Wissenschaftler z. B. hatten schon die für die Relativitätstheorie so grundlegende Einstellung, daß unsere Vorstellung von der Geometrie keine absolute unveränderliche Eigenschaft der Natur ist.«

Das Gleiche gilt für unseren Zeitbegriff. Die östlichen Mystiker verbinden die Begriffe von Zeit und Raum mit bestimmten Bewusstseinszuständen, die sie mit Hilfe der Meditation überschreiten können. Ihre aufgrund der mystischen Erfahrung verfeinerten Begriffe von Raum und Zeit sind in vieler Hinsicht denen der modernen Physik ähnlich.

»So repräsentiert die Bootstrap-Philosophie den Höhepunkt einer Ansicht von der Natur, die in der Quantentheorie mit der Erkenntnis eines grundlegenden universellen Zusammenhangs einsetzte, ihren dynamischen Inhalt durch die Relativitätstheorie bekam und in der S-Matrix-Theorie als Reaktionswahrscheinlichkeiten formuliert wurde. In der Bootstrap-Hypothese gibt es nicht nur keine Grundbausteine, sondern überhaupt keine fundamentalen Gesetze, Gleichungen oder Prinzipien.«

Die Physiker erkannten, dass alle ihre Theorien über Naturerscheinungen, einschließlich der durch sie beschriebenen ›Gesetze‹, Schöpfungen des menschlichen Verstandes sind.

---

*Das Tao der Physik. Bern, München, Wien (Scherz) 1975. Seite 164, 286 und 305

Und weiter führt Capra aus: »Physiker leiten ihr Wissen von Versuchen ab, Mystiker von meditativen Erkenntnissen. Beides sind Beobachtungen, und in beiden Bereichen werden diese Beobachtungen als einzige Quelle des Wissens anerkannt. Der Gegenstand der Beobachtung ist freilich in beiden Fällen sehr verschieden. Die Mystiker schauen nach innen und erforschen ihr Bewußtsein auf verschiedenen Ebenen, die den Körper als physische Manifestation des Geistes einschließen. Die Körpererfahrung wird in vielen östlichen Traditionen betont und oft als Schlüssel zur mystischen Welterfahrung betrachtet. Wenn wir gesund sind, fühlen wir die einzelnen Teile unseres Körpers nicht, sondern sind uns seiner als integriertes Ganzes bewußt, und dieses Bewußtsein erzeugt ein Gefühl des Wohlbehagens und des Glücks. Auf ähnliche Weise ist sich der Mystiker der Ganzheit des Kosmos bewußt, der als Ausdehnung des Körpers erfahren wird: Mit den Worten Lama Govindas:[*]

Der erleuchtete Mensch aber, dessen Bewußtsein das Universum umfaßt, hat das Universum zum ›Körper‹, während sein physischer Körper zur Manifestation des universellen Geistes wird, seine Schauung zum Ausdruck höchster Wirklichkeit und seine Rede zum mantrischen Machtwort und heiliger Verkündung.

[*]Lama Anagarika Govinda: Die Grundlagen tibetischer Mystik. [Diese Anmerkung ist Teil des Zitats und enthält keine weiteren bibliographischen Angaben. Gemeint ist vermutlich aber Govinda, Lama Anagarika: Grundlagen tibetischer Mystik. Zürich und Stuttgart (Rascher) 1956]

Im Gegensatz zum Mystiker beginnt der Physiker seine Erforschung des Wesens der Dinge mit dem Studium der materiellen Welt. Beim Eindringen in die tieferen Schichten der Materie wurde er sich der Einheit aller Dinge und Vorgänge bewußt. Darüber hinaus hat er auch gelernt, daß er selbst und sein Bewußtsein ein integraler Teil dieser Einheit sind. So kommen der Mystiker und der Physiker zu derselben Schlußfolgerung, der Eine ausgehend vom Reich des Inneren, der Andere von der äußeren Welt. Die Harmonie zwischen ihren Ansichten bestätigt die alte indische Weisheit, daß Brahman, die letzte äußere Realität, mit Atman, der inneren Realität, identisch ist.«

Wir wissen heute, dass Atome aus Elementarteilchen bestehen. Wenn wir sie beobachten, sehen wir keine Substanz. Was wir erkennen, sind dynamische Muster, die sich unaufhörlich ineinander verwandeln – den ununterbrochenen Reigen der Energie. Alles ist im Fluss, alles ist wandelbar. Und da glaube ich, Mensch, die Welt sei unveränderlich, nur weil sich die Veränderung meinem Blick entzieht? Wenn wir zurückblicken, stellen wir fest, dass sich viel verändert hat. Wenn wir in der Gegenwart sind, glauben wir, die Zeit stünde still. Denken wir in die Zukunft, wollen wir alles verändern.

Ein Glaubenssatz, den wir hegen und pflegen, Jahre und Jahrzehnte lang nähren, setzt sich in uns fest, passt uns wie angegossen, wie eine lieb gewonnene Kuscheljacke, von der wir uns nicht trennen wollen. Die Jacke ist schon alt, mehrfach geflickt, vollkommen altmodisch, doch sie wird sorgsam aufbewahrt, hängt irgendwo im Schrank und staubt dort still vor sich hin. Wegwerfen? Nein, das geht doch nicht, da hängen viel zu viele Erinnerungen dran. Wir sind sogar stolz darauf, dass wir nichts loslassen, wir haben es uns zur gesellschaftlichen Tugend gemacht, alte Werte zu schätzen, in Ehren zu halten.

Unsere Kinder machen es uns immer wieder zum Vorwurf. Jede Generation aufs Neue. Sie sträuben sich, sie rebellieren, sie stellen alles mögliche an, um anders zu sein – bis sie es müde werden, sich nach und nach anpassen und schließlich selbst der nachfolgenden Jugend verständnislos gegenüberstehen.

Wo kämen wir hin, wenn alles ständig geändert würde! Wir würden im Chaos enden. Und gerade das ist wieder so ein Glaubenssatz. Was ist denn so schlimm am Chaos? Was meinen wir überhaupt damit?

Nach unserem Sprachgebrauch meinen wir damit ein ungeordnetes Wirrwarr, ein unberechenbares Durcheinander, etwas, das uns Angst macht. Wir wollen alles und jedes berechnen, kalkulieren, einschätzen, es kontrollieren, uns darauf einstellen können. Und dann passiert etwas so genanntes Unvorhersehbares und wir sind vollkommen aus der Bahn geworfen.

Wir glauben, wenn wir nur alles genau planen, könne uns nichts passieren. »Passieren« heißt wörtlich übersetzt »vorbeigehen«. Meinen wir also, dass nichts an

Was ist so schlimm am Chaos?

uns vorbeigehen kann? Dass uns also nichts entgehen sollte? Dabei geschieht genau das. Wenn wir glauben, alles unter Kontrolle zu haben, gehen eben Dinge an uns vorbei, entgehen uns beziehungsweise unserem Bewusstsein wichtige Kleinigkeiten, die beachtet werden sollten. Wir stemmen uns so vehement gegen das äußere Chaos und – leben es im Innern. Menschen, die innerlich zufrieden sind, ausgewogen, mit sich und der Welt im Reinen, sind Mangelware.

Unsere Kinder führen uns das ständig vor: »Räum dein Zimmer auf!«, ist eine in allen Familien gebräuchliche Aufforderung, deren Missachtung oft sogar mit drastischen Folgen verbunden ist. Der stetige Kleinkrieg zermürbt vorwiegend die Mütter, weil sie gewöhnlich mehr Zeit mit ihren Kindern verbringen. Irgendwann kapituliert die Mutter und räumt selbst auf, nicht ohne dem Kind vorzuwerfen, die teuren Kleidungsstücke, Spielsachen, Bücher, Möbel und so fort mit Füßen zu treten, ihr zusätzliche Arbeit zu machen und undankbar zu sein. »Kinder sind eben undankbar«, ist ein allgemein verbreiteter negativer Glaubenssatz.

Kinder können gar nicht undankbar sein, weil sie keinen Begriff davon haben. Was Undankbarkeit ist, müssen sie erst einmal von Erwachsenen lernen. Kinder leben so lange ihre Unschuld, bis wir Erwachsene sie in unsere Normen gepresst haben, Generation für Generation. So sind wir aufgewachsen, so wuchsen unsere Kinder auf und so erziehen unsere Kinder die Enkel. Es sei denn, wir fangen endlich an umzudenken. Denn dafür ist immer gerade die richtige Zeit.

Falls Sie dem Satz: »Mein Kind lässt sein Zimmer verwahrlosen«, zustimmen, können Sie mir jetzt gleich hier durch die vier Schritte zu einer möglichen Lösung folgen. Im ersten Schritt beschreiben Sie Ihr Kind vielleicht als schlampig und faul, sein Kinderzimmer als verwahrlost und sich selbst als verzweifelt und überfordert. Im zweiten Schritt entschlüsseln Sie und finden für:

❖ schlampig   abschalten, sich aufs Wesentliche kon-
               zentrieren
❖ faul   entspannen
❖ verwahrlost   loslassen
❖ verzweifelt   verschiedene Möglichkeiten erkennen
❖ überfordert   Grenzen übersteigen

Aus dieser Entschlüsselung können Sie ableiten: Ich kann die Möglichkeiten erkennen, gut abschalten, loslassen, mich entspannen und bei Bedarf auch Grenzen übersteigen. Wie kommt es, dass ich es vermeide, diese Fähigkeiten auszuleben?

Wenn Sie diese Frage auf sich wirken lassen und aufkommende Gedanken immer wieder hinterfragen, wie es bereits mehrfach vorgeführt wurde, können Sie gewiss bald einen schädigenden Glauben entdecken, der sich in Ihrem unbewussten Denken eingenistet hat. Dann können Sie sicher auch erkennen und verstehen, wie dieser Glaube zu entsprechenden Erfahrungen geführt hat, das aktuelle Ärgernis des unaufgeräumten Zimmers eingeschlossen. Dann war das Kinderzimmer ein wertvoller Spiegel für Sie und Sie können sich im dritten Schritt gewiss in Dankbarkeit von Ihrem falschen Glauben verabschieden, um dann im vierten Schritt eine neue Idee zu pflegen, die in diesem Fall vielleicht heißen könnte: »Es fühlt sich für mich gut an, zu entspannen« oder: »Ich erlaube mir, meine Möglichkeiten zu erkennen und bei Bedarf Grenzen zu übersteigen.«

Was meinen Sie wohl, könnte dann geschehen? Als ich selbst vor etlichen Jahren auf diese Weise einen schädlichen Glauben (er-) löste, habe ich anschließend meine Tochter und ihr Zimmer so sein lassen, wie sie waren. Etwa zwei Wochen später veranstaltete meine Tochter einen Riesenwirbel. Es rumpelte. Türen flogen auf und wieder zu. Ich gebe zu, dass es mich schon etwas Überwindung gekostet hat, aber ich blieb ruhig sitzen und wartete ab. Das hat sich gelohnt.

Das Unfassbare geschah. Meine Tochter räumte von sich aus ihr Zimmer auf und putzte es, und seit diesem

Tag gab es nie wieder einen Anlass zu entsprechenden Streitigkeiten. Ganz im Gegenteil habe ich gelernt, am Zustand ihres Zimmers ihren seelischen Zustand zu erkennen, ihr mit Verständnis zu begegnen und in Gesprächen zu helfen, in der schwierigen Phase ihrer Pubertät über manchen Kummer hinweg zu kommen.

Die Macht der Angst

Wenn Sie innerlich ganz still sind und aufmerksam und unvoreingenommen das Leben um sich herum anschauen, werden Sie im Großen der Weltpolitik bis in die nahe Umgebung Ihrer menschlichen und familiären Beziehungen ein dominierendes prägendes Element entdecken. Und das heißt Angst. Im Großen haben wir Angst von Terroristen, Inflation oder Arbeitslosigkeit, im privaten Bereich haben wir Angst vor Versagen, vor Liebesentzug, vor dem Alleinsein, vor Armut oder Strafe. Die Angst – so sagen wir – nagt an uns, sie frisst uns auf und macht uns krank. Angst ist die Ursache für jedwede ›Krankheit‹.

Sie sehen, ich habe das Wort Krankheit in Anführungen gesetzt, weil seine Bedeutung für mich weit über die allgemeine Vorstellung von körperlichen Beschwerden hinausgeht. Mit Krankheit bezeichne ich alles, was mein Wohlsein stört. Was nun ist ein Mensch zu tun bereit, um zu gesunden? Wozu sind Sie bereit? Was würden Sie für Ihre Heilung tun, wenn es erforderlich wäre? Wären Sie bereit,

❖ Ihre Arbeit zu wechseln?
❖ in ein anderes Land zu ziehen?
❖ Ihre Einstellungen gegenüber anderen und sich selbst zu ändern?
❖ Ihre Gewohnheiten zu ändern?
❖ alles aufzugeben, was Ihnen vertraut ist?

Wieso ich Sie das jetzt frage? Ganz einfach. Ich möchte Ihnen deutlich machen, dass zur Heilung etwas ganz Entscheidendes notwendig ist: Veränderung, die Bereitschaft zur Veränderung.

Veränderung bedeutet Wende, Wechsel, Umwandlung und natürlich Besserung. Veränderung bedeutet aber auch Bewegung, Neubeginn und Neuregelung. Und dazu braucht es Mut. Deshalb bleiben viele Menschen aus Angst vor dem Neuen und Unbekannten auf den gewohnten Wegen und nehmen lieber Widrigkeiten in Kauf, als sich positiv Ihrer Angst zu stellen.

Alles, was ich hier als Krankheit bezeichne, ist das Ergebnis schädlicher Glaubenssätze, die wir seit vielen Jahren in unserem Unbewussten mit uns herumtragen und die unser Fühlen, Denken und Handeln unbewusst beeinflussen und steuern und deshalb immer wieder zu Situationen führen, in denen sie sich selbst bestätigen.

Krankheiten fallen nicht vom Himmel. Wir schieben die Verantwortung gern auf das, was wir Schicksal nennen. Ein Schicksalsschlag hat mich getroffen. Ja, aber wer hat den Schlag ausgeführt? Unsere Geisteshaltung und unser Lebensmuster sind ursächlich verantwortlich für alles, was uns ›zustößt‹. Deshalb können wir nur dann *etwas* ändern, wenn wir *uns selbst* ändern.

In dem Augenblick, in dem wir uns von einem schädlichen Glauben verabschieden, sind wir frei, völlig neue Erfahrungen zu machen. Wir können anders fühlen, anders denken und anders handeln und das wird ganz natürlich zu anderen Situationen in unserem Leben führen.

Allerdings haben viele Menschen Angst vor Veränderung. Sie haben sogar Angst vor Veränderung in schwierigen Situationen. Sie behalten lieber die Krankheit, die sie kennen, als eine Gesundheit, die ihnen fremd ist. Wer keine Veränderungen mag, mag sich auch selbst nicht verändern. Es wird auf die Besserung (Veränderung) gewartet, die von außen kommt. Der Arzt soll es mit Pille oder Spritze richten, aber die Lebensgewohnheiten, die zur Krankheit geführt haben, sollen nicht angetastet werden. Alles und alle anderen sollen sich bitteschön verändern, damit es mir besser geht, nur ich nicht.

Den Weg zur Heilung zu gehen, erfordert bedingungslose Bereitschaft. Sobald Sie Bedingungen für Ihre Heilung stellen, erreichen Sie nur bedingte Heilung.

wieviel steht mir zu?

Haben Sie sich schon einmal gefragt, was und wie viel Ihnen zusteht? Oder tragen Sie tief in sich den Glauben, Ihnen stünde nur wenig oder überhaupt nichts zu? Beantworten Sie die nachfolgenden Fragen nach Ihrem ehrlichen Gefühl.

1 Ich bin überall willkommen. [ja] [nein]

2 Dem Schicksal kann niemand ausweichen. [ja] [nein]

3 Ich darf alles. [ja] [nein]

4 Fehler sind unverzeihlich. [ja] [nein]

5 Ich bin wertvoll. [ja] [nein]

6 Ich bin an allem Schuld. [ja] [nein]

7 Ich bin in Ordnung, so wie ich bin. [ja] [nein]

8 Ich bin ein Opfer der Zivilisation. [ja] [nein]

9 Ich liebe und bin geliebt. [ja] [nein]

10 Glücksgefühle sind nur von kurzer Dauer. [ja] [nein]

Mein Zuhause spiegelt mich

Haben Sie eine der Fragen 2, 4, 6, 8 oder 10 mit ja beantwortet? Oder haben Sie eine der Fragen 1, 3, 5, 7 oder 9 mit nein beantwortet? Dann fragen Sie sich, wie lange Sie noch mit falschen und schädlichen Glaubensmustern leben wollen. Nur Sie selbst können sich dafür entscheiden, bereit zu sein, die Spiegel um Sie herum als Botschafter anzuerkennen, die Botschaften zu entschlüsseln und die Denkmuster zu (er-) lösen.

Sag mir, wie die Blumen blühen

Blumenschmuck war schon in einzelnen Zimmern des Hauses ein Thema. Hier, fast am Ende des Buchs, möchte ich Ihnen noch einmal zeigen, wie Sie durch Ihre Pflanzen wichtige Botschaften empfangen und für sich entschlüsseln können. Für den, der sie zu verstehen weiß, sprechen Blumen und Grünpflanzen in der Wohnung, in Büros und Praxen oder in Behörden und öffentlichen Gebäuden eine deutliche Sprache.

Da steht vielleicht ein Fikus. Die meisten Blätter hat er schon verloren und die noch dran sind, haben ihr Grün gegen ein Braun oder Gelb eingetauscht. Ein trauriger Anblick.

Hm, mein Fikus soll mir was zu sagen haben? Der will mir eine Botschaft geben? Na, dann mal los, Fikus, sprich mit mir!

❖ Du siehst traurig aus.
❖ Du wirfst Deine Blätter ab.
❖ Du gehst wohl ein.

Sind Sie bereit, die Botschaft mit mir gemeinsam zu entschlüsseln? Also was kann jemand gut, der traurig aussieht? Kann der vielleicht gut die Aufmerksamkeit auf sich lenken? Ist er vielleicht großer Gefühle fähig? Was kann jemand gut, der gut abwerfen kann? Kann er vielleicht gut loslassen? Was kann jemand gut, der gut eingehen kann? Kann er sich vielleicht gut zurückziehen?

Also frage ich meinen Fikus: Wo ist dein Stolz und wo deine Kraft geblieben? Was passiert, wenn du die volle Aufmerksamkeit auf dich lenkst, wenn du loslässt und dich zurückziehst? Und ich ersetze jedes du durch ein Ich: Wo ist mein Stolz und wo meine Kraft geblieben? Was passiert, wenn ich die volle Aufmerksamkeit auf mich lenke, wenn ich loslasse und mich zurückziehe?

Auf diese Weise können Sie die Botschaften entschlüsseln, die Ihnen Ihre Pflanzen geben. Haben Sie Blumen oder Pflanzen in Ihrer Wohnung? Wie gedeihen sie (Sie)? Oder haben Sie nur künstliche Pflanzen, weil Ihnen die Echten zu viel Mühe machen oder eingegangen sind?

zu guter Letzt

Mit etwas Übung wird es Ihnen von Mal zu Mal leichter fallen, Ihre schädlichen Glaubenssätze zu entdecken und in unterstützende und erfüllende Denkmuster umzuwandeln. An dieser Stelle möchte ich Ihnen noch ein paar hilfreiche Gedanken und Tipps mitgeben.

Mehr als positives Denken

Positives Denken ist etwas anderes als positives Fühlen. Positives Denken ist ein Pflaster, das ich auf meine Wunden klebe. Doch die Wunde bleibt darunter, eitert vor sich hin und irgendwann kann es zur Entzündung oder Blutvergiftung kommen. Es ist wie bei einem heruntergekommenen Haus, das auf einem morschen Fundament steht. Ich baue mit großem Aufwand die erste Etage prächtig aus, aber das Fundament hält die Last nicht und irgendwann bricht das ganze zurechtgemachte Haus ein.

Sie können sich keinen positiven Glaubenssatz ein-
reden, wenn Sie in Ihrem Unbewussten eine negative
Überzeugung haben. Die verinnerlichten Denkmuster
durchdringen Ihr ganzes Wesen und sind zu aller erst
Gefühle. Eine positive Einstellung erzeugt positive
Gefühle. Positive Gefühle erzeugen positive Gedanken.
Positive Gedanken führen zu positiven Handlungen.
Positive Handlungen bringen Erfolg. Und Erfolg bringt
Sicherheit und Vertrauen. Nur so herum

Sie können
sich keinen
positiven
Glaubenssatz
einreden

funktioniert das.

Heute wird oft versucht, Sicherheit
›mit Gewalt‹ herzustellen. Doch das führt
nicht zu positiven Handlungen, ganz im
Gegenteil. Und deshalb erzeugt es auch
negative Gedanken, bedrückt die Gefühle
und macht schließlich krank. Schauen Sie sich um, in der
Welt, in Ihrem Umfeld, in Ihrem eigenen Leben.

Wenn Sie aber ein schädliches Denkmuster entdeckt
und erlöst haben, macht das ein sehr, sehr gutes Gefühl. Und dieses gute Gefühl führt nicht nur zu starken
Gedanken und erfolgreichen Handlungen, es gibt Ihnen
vor allem eine Sicherheit und ein Vertrauen, das keine
Macht der Welt Ihnen bieten kann.

Den Glaubenssatz verabschieden

*S*ie haben den Glaubenssatz in Ihr Leben geholt. Also sind *Sie* auch der einzige Mensch, der ihn wieder verabschieden kann. Doch das funktioniert nur, wenn Sie es *liebevoll* tun. Machen Sie sich bewusst, dass alles, was Ihnen bislang in Ihrem Leben geschehen ist und Ihnen noch begegnen wird, nur dazu dient, Sie aufmerksam zu machen. Umarmen Sie Ihr Leben, wie es ist, und danken für alles, was Ihnen begegnet, denn es hat nur den einen Zweck, Sie voran zu bringen.

Sogenannte Schicksalsschläge betrachten wir wie Feinde. Aber sehen Sie, Freunde wollen immer etwas von Ihnen, aber Ihre Feinde setzen alle Kraft ein und verlangen nichts dafür. So ist es auch mit Schicksalsschlägen. Wenn Sie solche Herausforderungen umarmen, bringen Sie Ihnen das größte Geschenk, welches das Leben bereithält: persönlichen Fortschritt. Deshalb nehmen Sie die Widernisse in Ihrem Leben dankbar an und entschlüsseln liebevoll die Botschaften, die sie Ihnen bringen, um Ihre verschütteten positiven Fähigkeiten freizulegen und frei zu leben.

Und seien Sie froh, dass Sie selbst sich den falschen Glauben eingeprägt haben, denn wenn es sonst wer getan hätte, müssten Sie den um Erlösung bitten. So aber sind Sie unabhängig und selbständig und bestimmen ganz allein, wie schnell und tiefgreifend Sie sich befreien. Deshalb bedanken Sie sich hierfür auch bei sich selbst. Verabschieden Sie sich in Liebe von schädlichen Denkmustern und seien Sie zutiefst dankbar. Nur so können Sie das, was Sie gespiegelt hat, wirklich aus Ihrem Leben entlassen.

Wendepunkt

Gönnen Sie sich zum Verabschieden des alten, schädlichen Glaubenssatzes Ruhe. Machen Sie sich bewusst, dass es ein ganz, ganz wichtiger Wendepunkt in Ihrem Leben ist, eine alte negative Prägung aufzugeben. Sie hat Sie eine lange Strecke durch Ihr Leben begleitet, da ist es angemessen, dem Abschied auch entsprechend Zeit einzuräumen. Das Denkmuster ist Ihnen vertraut, es war ein Teil von Ihnen und deshalb fällt es auch nicht unbedingt leicht, es loszulassen. Schaffen Sie sich den angemessenen Rahmen dafür. Dann kann Ihre Entscheidung, ab sofort neue, positive Erfahrungen zu machen, auch tief in Ihr Bewusstsein eintauchen und sich dauerhaft einbetten.

Meditieren Sie, wenn Sie es gelernt haben, oder entspannen sich auf Ihre Weise. Schaffen Sie eine feierliche Umgebung, wie Sie Ihnen gefällt, vielleicht mit Kerzen, Duft und besonderer Musik. Sie können Ihren Lieblingsplatz in der Natur aufsuchen oder ein Bad nehmen, ganz nach Ihrem Geschmack. Denken Sie sich eine kleine Zeremonie aus, in deren Verlauf Sie den alten, schädlichen Glaubenssatz auf einen Zettel schreiben und dann rituell verbrennen, um hernach auf einen frischen, weißen Zettel Ihren neuen Satz zu schreiben.

Negative Prägungen aufzugeben, markiert einen Wendepunkt

Manche mögen sich nicht sofort von Ihrem alten Satz verabschieden und tragen ihn lieber noch eine Weile mit sich herum. Das ist völlig in Ordnung. Solange Sie das schädigende Denkmuster noch bei sich haben, können Sie sich damit beschäftigen. Wenn Sie sich von dem Satz erst verabschiedet haben, werden Sie ihn im Regelfall recht schnell vergessen. Machen Sie alles so, wie es für Sie richtig ist. Wenn der Zettel mit dem alten Satz lange genug abgestanden hat, können Sie ihn erlösen, wann Sie es für richtig erachten.

Wenn es schließlich so weit ist, dass Sie sich bewusst von Ihrem als falsch erkannten Glauben verabschieden wollen, nehmen Sie alle Aufzeichnungen, die Sie im Zusammenhang mit dem Glaubenssatz gemacht haben, und den Zettel mit dem Glaubenssatz und verbrennen sie gemeinsam. Sie können die Zettel zuvor in kleine Schnipselchen zerreißen, zu einer Kugel pressen und in ein Papiertaschentuch einwickeln. Dann zünden Sie die Papierkugel an und betrachten die Flammen, bis die letzte Glut verloschen ist. Stellen sie sich dabei vor, wie sich der alte Glaube auflöst und aus dem Feuer wie ein Phönix Ihre starke neue Einstellung ersteht. Natürlich können Sie die Aufzeichnungen auch auf andere Weise auflösen, aber das Verbrennen ist besonders sinnvoll und wirksam, denn Feuer reinigt, es bleibt nichts als sterile Asche zurück.

Es kann sein, dass sich dieser Abschiedsprozess auch körperlich spürbar macht. Klienten berichten mir immer wieder, dass sie empfunden haben, wie sich irgendetwas aus ihnen gelöst hat.

Wenn die Glut erloschen ist, ist es Zeit für einen Abschiedsspruch. Vielleicht mögen Sie ein Gebet sprechen, eine Danksagung oder einen liebevollen Gruß. Wählen Sie die Abschiedsworte, die für Sie richtig sind. Ich möchte Ihnen zwei Beispiele für eine Danksagung zum Abschied geben.

Gebet

Mit Gottes Hilfe
habe ich jetzt erkannt,
was ich an mir
und anderen
als schlecht verurteilt habe.
Dafür danke ich
von ganzem Herzen.
Ich vergebe mir und anderen,
weil ich in diesem Punkt
mir selbst gegenüber
blind war.
Mit Hilfe des Heiligen Geistes
bin ich jetzt bereit,
meine geistigen Irrtümer
aufzugeben.

Licht ist in mir.

Danken und Loslassen

Ich danke meinem
göttlichen heilen Teil,
dass ich meinen schädlichen
Glaubenssatz gefunden habe,
und erkenne, was ich an mir und
anderen als schlecht verurteilt
habe. Ich entscheide mich jetzt,
meinen Trugschluss als Zeichen
der Wertschätzung meiner selbst
aufzugeben.
Ich vergebe mir und anderen,
weil ich in diesem Punkt mir selbst
gegenüber blind war.
Mit Hilfe der Heiligen Kraft in mir
bin ich jetzt bereit,
meine geistigen Irrtümer
aufzugeben.

Licht ist in mir.

Die neue Idee entwickeln

Sie haben den schädigenden Glaubenssatz angemessen verabschiedet und einen neuen, stärkenden und unterstützenden Satz ›gepflanzt‹. Nun muss diese junge Pflanze gepflegt werden, damit sie gut anwächst und prächtig gedeiht. Doch wie können wir das erreichen, werde ich immer wieder gefragt.

Zunächst mache ich eine klare Vorgabe, die sich in der Praxis bewährt hat. Das nenne ich immer die Pflicht. Darüber hinaus können Sie selbst viele Ideen entwickeln, um den Prozess auf eine Art und Weise zu unterstützen, die Ihrem Wesen entspricht. Das nenne ich die Kür.

Zuerst die Pflicht

Suchen Sie sich in Ihrem Tagesablauf einen Augenblick am Morgen und am Abend. Ihr Aufenthalt im Bad bietet sich dafür besonders an, weil Sie dort für sich sind und einen Spiegel haben. Schauen Sie sich selbst im Spiegel in die Augen und sprechen Ihren neuen Satz. Drei Mal. Laut. Das kostet Sie weniger als eine Minute. Aber tun Sie es auch.

Es macht wenig Sinn, eine neue Pflanze in den Garten zu setzen und sie dann vertrocknen zu lassen, oder? Also gönnen Sie sich die Minute. Schauen Sie sich im Spiegel in die Augen. Und sprechen Sie Ihren Satz dreimal laut. Morgens. Abends.

Üben Sie diese Pflicht 21 Tage lang, ohne einen Tag auszulassen. 21 Tage ohne Unterbrechung. Sollten Sie es in dieser Zeit doch einmal vergessen, fangen Sie wieder von vorne an zu zählen.

Natürlich können Sie nach den drei Wochen weitermachen. Aber vielleicht wollen Sie dann auch einen weiteren Störenfried ausgraben und gegen einen unterstützenden Glaubenssatz eintauschen.

Und nun zur Kür

Grundsätzlich empfiehlt es sich, den neuen Satz anfangs so oft wie möglich zu erinnern, zu denken, zu schreiben und zu sprechen.

Zusätzlich zur Pflicht können Sie Ihren Satz auch singen, beispielsweise wenn Sie in der Badewanne sitzen, Ihr Auto waschen, werkeln oder putzen, also immer, wenn Sie etwas tun, wobei Ihr Kopf frei ist.

Sie können Ihren neuen Satz auf Zettel oder Kärtchen schreiben, die Sie in Ihrem Umfeld anbringen, am Spiegel zum Beispiel, am Armaturenbrett Ihres Autos, an der Pinwand. Sie können die Zettel auch in Schubladen und Schränke legen, in die Brieftasche, Geldbörse oder den Terminkalender stecken. Sie können einen Zettel mit Ihrem Satz bei sich tragen, in der Hosentasche beispielsweise.

Wenn Sie Kaligraphie lieben, können Sie Ihren Satz auch farbig in Schönschrift gestalten oder wenn sie musikalisch sind, können sie ihn vertonen. Lassen Sie Ihre Kreativität spielen, damit Ihr Lebensalltag von diesem schönen Satz durchdrungen wird. Sie sollten ihm möglichst oft begegnen, damit er gut ›anwächst‹, prächtig gedeiht und ein starker Teil von Ihnen wird.

Wichtig!

Es ist ausgeschlossen,
die Pflicht durch die Kür zu ersetzen.
Bitte beherzigen Sie diese
eherne Regel.

Wenn Sie also einen Tag feststellen, dass Sie einmal vergessen haben, den Satz drei Mal laut vor dem Spiegel zu sprechen und sich dabei in die Augen zu schauen, dann mogeln Sie sich bitte nicht aus der Affäre, weil Sie doch den ganzen Tag über Ihren Satz immer wieder gesungen hätten oder sich sonst wie viele Male an ihn erinnert haben. Die Regel lautet: einmal morgens, einmal abends vor dem Spiegel, in die Augen schauen und dreimal laut sprechen. 21 Tage lang und nicht einmal auslassen.

Selbst wenn Sie es am 21-sten Tag vergessen, fangen Sie bitte um Ihrer selbst Willen wieder von vorne an. Warum? Wenn Sie daran denken, sich an dieser Stelle selbst zu beschummeln und um Konsequenzen herumzudrücken, dann sind Sie gerade dabei, den alten Saboteuren wieder das Feld zu überlassen, die Sie in die alten Muster zurückführen.

Den Spiegel aus seiner Funktion entlassen

Sie haben es geschafft! Herzlichen Glückwunsch, Sie können stolz auf sich sein. Sie haben sich in Dankbarkeit und ohne Groll oder andere negative Gefühle von Ihrem alten Glaubensmuster getrennt und die neue Idee verinnerlicht. Ihre wundervollen, positiven Eigenschaften, die Sie viele Jahre vernachlässigt haben, werden Sie nun nach und nach wieder in Ihrem Alltag leben.

Und Sie werden feststellen, dass niemand meckert, Sie werden nicht – wie Sie früher immer befürchtet haben – gemieden, bestraft oder was auch immer. Das ist damit gemeint, wenn ich sage: »Sie haben Ihren Spiegel aus seiner Funktion entlassen.«

Wenn Sie einen falschen und schädlichen Glaubenssatz aufgeben, ändert sich dem entsprechend Ihre Ausstrahlung und folglich bleibt auch die Bestätigung des negativen Denkmusters im Außen aus. Es kann nur gespiegelt werden, was Sie aussenden. Wenn keine negativen Gedanken mehr ausgestrahlt werden, weil der dahinter stehende Glaubenssatz nicht mehr da ist, dann ist der Spiegel aus seiner Funktion (zu diesem Thema) entlassen.

Tannennadeln

Mit Christbäumen ist es so eine Sache. Man hat Weihnachten gefeiert und Anfang Januar takelt man den ausgedienten Baum ab und stellt das Gerippe zur Abholung an die Straße. Wochen später laufen Sie barfuß durchs Wohnzimmer oder suchen Ihren Ring in der Sesselfalte und es piekt.

Genau so kann es sein, dass Sie Ihren alten Glaubenssatz entsorgt haben und in den folgenden Tagen, Wochen oder auch Monaten piekt er wieder. Für Herrn Huber könnte das heißen, die Heizung ist repariert und er kann nach der Arbeit wieder die Dusche genießen. Doch dann fällt sie wieder aus. Entnervt ruft er den

Monteur. Der drückt nur einmal den Störknopf, und schon läuft sie wieder. Oder kaum hat Bruno sein undichtes Dach kostspielig reparieren lassen, ist der Regenablauf verstopft und die Dachrinne läuft über.

Wenn ich solche Ereignisse von Klienten geschildert bekomme, ist meine erste Frage immer: »21 Tage durchgehalten? Haben Sie Ihr neues Pflänzchen gut gegossen oder waren Sie nachlässig damit?«

Denken Sie jetzt, es könnte noch mehr schädigende Glaubenssätze geben, die gelöst werden wollen? Nun, das kann natürlich sein. Wir laufen ja alle mit irgendwelchen Knoten im Kopf herum, die wir uns selbst irgendwann geknüpft haben. Wir haben irgendwelche verrosteten Anker geworfen, die uns heute am Fortkommen hindern. Wir tragen seelische Konflikte in uns vergraben, die bis heute nach Erlösung schreien. Da ist es gut möglich, dass sich nun auch die anderen Themen zu Wort melden wollen: »Hey, unsere Botschaft soll auch erkannt werden. Schau endlich in den Spiegel, den ich schon so lange hinhalte.«

Sicher ist es wichtig, auch all die anderen Knoten noch zu lösen, und Sie haben jetzt ja auch einen Schlüssel in der Hand, um weitere Türen öffnen zu. Dennoch empfehle ich Ihnen, zuerst diesen einen Prozess sorgfältig zu beenden. Ihr neues Pflänzchen sollte erst stabil genug sein, um alleine draußen stehen zu können, um dann weitere Spiegel-Botschaften zu entschlüsseln. Ihre neue Idee sollte also gut gefestigt sein, und das ist sie frühestens nach den vollendeten 21 Tagen.

In der Praxis hat sich eine innere Vereinbarung mit den weiteren Themen bewährt: Ich weiß, dass ich noch mehr Spiegel zu entschlüsseln habe. Ich bin auch bereit dazu. Nur, jetzt brauche ich erst noch [Dauer einsetzen] Tage, um meine neue Idee zu festigen und meine verschütteten positiven Fähigkeiten endlich zu leben. Dann bin ich gefestigt, um weitere Themen zu lösen. Nach dieser Frist bin ich bereit, die nächste Spiegel-Botschaft zu entschlüsseln und zu lösen.

Neue Ideen müssen sich festigen

Wenn wir einen alten, schädigenden Glaubenssatz verabschiedet haben, brauchen wir eine gewisse Zeit, bis sich das neue, positive Muster in uns gefestigt hat. Deshalb ist es auch verständlich, wenn wir bis dahin ab und zu in alte Fahrspuren abrutschen. Das Schöne ist, dass wir dann ganz sicher durch entsprechende Ereignisse im Außen, also Spiegel darauf aufmerksam gemacht werden.

So ist es auch mit Tannennadeln, die wir im Sommer in einer Sesselfalte finden. Steht jetzt der ganze Christbaum wieder da? Nein, die Nadeln erinnern uns nur daran, dass im Wohnzimmer mal ein Christbaum stand. Was macht also die Hausfrau? Sucht sie jetzt alle Sesselfalten und Teppichfransen nach weiteren

Tannennadeln ab, um daraus ein neues Christbäumchen zu basteln? Oder befördert sie die Tannennadeln ganz sang- und klanglos in die Biotonne? Vielleicht denkt sie noch: Ich hätte etwas gründlicher saugen können. Mehr aber nicht.

Genau so sollten wir es mit ›Tannennadeln‹ unserer alten, falschen Glaubensmuster machen. Aha, lieber Spiegel, du willst mich aufmerksam machen, dass ich meine neue Idee gründlicher und liebevoller pflegen sollte, als ich es bisher getan habe, und meine positiven Fähigkeiten, die ich beim Entschlüsseln (wieder-) entdeckt habe, etwas mehr in meinen Alltag integrieren sollte – denn was nutzt das Pflegen einer neuen Idee, wenn die Taten ausbleiben?

Entschlüsselte Wörter

Wenn im Verlauf der vier Schritte die negativen Elemente herausgefunden wurden, fällt es besonders anfangs oft nicht so leicht, die positiven Geschenke darin zu entdecken. Jeder Mensch hat seine eigenen Vorstellungen und Gefühle, deshalb ist das ein sehr individueller Prozess. Die folgende Liste kann aber Anregungen geben und Impulse setzen, um den persönlichen Findungsprozess zu unterstützen.

abgrenzen	schweigen, (sich) schützen können
abhängig	kann sich fallen lassen, hat Vertrauen, zugehörig
ablehnen	Standfestigkeit bewahren, gut nein sagen können
abwerfen	loslassen
ängstlich	vorsichtig, behutsam, bedacht, aufpassen, wachsam
anmaßend	starkes Selbstbewusstsein, gut einschätzen, Überblick
aufdringlich	Durchsetzungskraft haben, meldet seine Bedürfnisse, ausdauernd, zielstrebig
aufgebläht	groß, wahre Größe, kann sich Raum nehmen
ausgeliefert	Hingabe, Vertrauen, loslassen, volles Risiko
ausnutzen	nimmt, was er braucht; weiß, was gut ist; erkennt die Gelegenheiten; setzt seine Interessen durch
ausrasten	spontan, Kraft, Mut, beweglich, Bahn brechend
bedrohen	besondere Ausstrahlung, bestimmt, deutlich, standfest
behindern	bewahren und helfen

belasten	abgeben
berechnen	vorausblicken, abwägen/rechnen
beschimpfen	Temperament, rauslassen, sich befreien
blockieren	rücksichtsvoll, standhaft
bohrend	punktgenau, geschickt, ruhige Hand
brennen	feurig, leidenschaftlich, temperamentvoll, umwandeln
derb	echt, einfach, natürlich
durchgeweicht	aufnehmen, zulassen, nachgeben, Kraft
durchlöchert	durchlässig, transparent
eingehen	sich zurückziehen
eingrenzen	ausgeprägter Spürsinn, hohes Sicherheitsbewusstsein
einschränken	sparsam, kennt Grenzen, setzt Grenzen, setzt Maßstäbe, schützen, bewahren, aufs Wesentliche konzentriert
einsperren	Herr der Lage, konfliktbereit, sicheres Auftreten
empfindlich	gefühlvoll
farblos	einfach, neutral
faul	entspannen

frech	wortgewandt, direkt, mutig, schlagfertig
grauslich	fremdartig, ungewohnt, neu
hartnäckig	bleibt bei der Sache, widerstandsfähig, stark
hässlich	markant, einzigartig
hilflos	schutzbedürftig, kann Schwäche zugeben/zeigen
irre	andere Sichtweise, erweitertes Bewusstsein
kahl	ohne Maske, natürlich
kalt	sachlich, klar
klemmen	festhalten, kräftig, hat Nachdruck
lästig	lebendig, stetig, auffallend, beharrlich, standhaft
laut	Durchsetzungskraft, Überzeugungskraft, Kontaktfreudig, sich Gehör verschaffen
missachten	zielstrebig nach vorne schauen, bei der Sache bleiben
nachtragend	gutes Gedächtnis, beharrlich
nerven	macht sich gut bemerkbar, zielstrebig, treu, mutig, beharrlich, Ausdauer, bleibt dran

primitiv	Naturbelassen
provokant	herausfordern, konfliktbereit
quietschen	sich bemerkbar machen
reizen	zielsicher, Einfühlungsvermögen, kennt Grenzen
roh	echt, deutlich
schlampig	abschalten, sich aufs Wesentliche konzentrieren
schmerzen	hinweisen, Gefühle auslösen, aufmerksam machen
schmutzig	natürlich
schutzlos	widerstandsfähig
schwach	empfindsam, hat Vertrauen
schwammig	weich
stinken	Naturbelassen, selbstbewusst, verschafft sich Raum, macht auf sich aufmerksam, Freiraum schaffen
stören	hervortreten, kreativ, einfaltsreich, Ausstrahlung, zielstrebig, zielsicher
stur	standfest
überfordert	Grenzen übersteigen
überschwemmen	sich Raum nehmen, ausbreiten
unberechenbar	spontan, impulsiv, entzieht sich der Kontrolle

unbeweglich	ruhig, abwartend
undicht	offen
unübersichtlich	reichhaltig, gut sichtbar, vielfältig
verkrampft	auf einen Punkt konzentriert
verwahrlost	loslassen
verzogen	beweglich, wandelbar
verzweifeln	die Wahl haben, verschiedene Möglichkeiten erkennen
wackeln	beweglich, locker sein
wegreißen	freilegen, enthüllen
wertlos	neutral, frei, ungebunden, vielseitig, großzügig
wütend	gefühlsstark, Leidenschaft, Kraft, Energie, Dynamik, kann was bewegen, hat Feuer, Temperament
zerstörerisch	lebenswillig, entscheidungsfreudig, liebt das Neue, kann gut loslassen, überzeugend
ziehend	ausdehnend
zweifeln	kann gut hinterfragen

1: Handwerker   2: Amt   3: Bank   4: Versicherung   5: Notar

Zum Abschied

Sie haben den ersten Schritt in eine Zukunft getan, die ganz bestimmt glücklicher sein wird, als Ihre Vergangenheit war. Haben Sie jetzt Lust bekommen, Ihre Spiegel näher zu betrachten? Ich wünsche Ihnen auf dieser ganz persönlichen Entdeckungsreise viel Erfolg.

Und ich wünsche Ihnen auch, dass Ihnen vergönnt ist, irgendwann zu einer ganz besonderen Erkenntnis zu kommen, so wie ich es erlebt habe. Nachdem ich die Spiegelgesetz-Methode schon eine Weile in meinem Leben eingesetzt hatte, traf ich schließlich auf einen Glaubenssatz, der tiefer ging als jeder davor. Nachdem ich ihn erfolgreich aufgelöst hatte, fand ich den neuen Satz: Leben heilt. Nachdem ich mir den 21 Tage lang vor dem Spiegel ins Gesicht gesagt hatte, war mir klar, dass ich diese neue Idee zu meinem persönlichen Programm machen wollte. »Leben heilt« ist das Motto meiner Arbeit und der Name meines Instituts. »Leben heilt« bedeutet für mich:

❖ Ich gehe achtsamer mit mir um, bin wacher und aufmerksamer, als zuvor.
❖ Ich gehe achtsam mit meinen Mitmenschen um.
❖ Sogenannte Schicksalsschläge sind Chancen, weiter zu wachsen und zu heilen.

- ❖ Mein Blickfeld dehnt sich aus und ganz neue Prioritäten rücken in meinen Focus.
- ❖ Ich bin mir meiner selbst bewusst.
- ❖ Ich erkenne mich als ein liebevolles Wesen und das strahle ich auch aus.
- ❖ Je mehr ich mit mir im Reinen bin, umso angenehmer ist mein Leben und umso angenehmer sind meine Erlebnisse.

Dies alles wünsche ich Ihnen
und verabschiede mich in Liebe.

Danksagung

Mein besonderer Dank gilt Christa Kössner aus Wien, der Begründerin der Spiegelgesetz-Methode und ebenso Claudia Mayr und Erich Deutsch aus Salzburg, meine Ausbilder und Lehrer, die mir geholfen haben, meine eigenen falschen Überzeugungen zu erlösen. Ich danke auch meiner Freundin Brigitte, die mit offener Kritik und Ehrlichkeit die Entstehung dieses Buchs liebevoll begleitet hat. Und ich bedanke mich bei all den Spiegeln in meinem Leben und bei mir selbst beziehungsweise dem göttlichen, heilen Teil in mir, dass ich die Chancen und Möglichkeiten der Spiegelgesetz-Methode überhaupt erkannt habe.

Ich bin dankbar, dass ich die Mittel habe,
durch die ich begreifen kann, dass ich frei bin.
(Ein Kurs in Wundern)

Weitere Informationen unter: www.leben-heilt.de

Louise Kranawetter
und Brigitte Beermann

Spiegelgesetz-Methode und EFT

Zwei populäre Methoden genial kombiniert

128 Seiten
ISBN 978-3-88755-258-1

Steve Rother

befreit leben

Die zwölf primären Lebenslektionen meistern

224 Seiten
ISBN 978-3-88755-269-5

Peter W. Klein

BSFF bringt Ihr Leben ins Gleichgewicht

Wie Sie einfach die Kraft Ihres Unterbewusstseins aktivieren

160 Seiten, Festeinband
ISBN 978-3-88755-260-2

ausführliche Informationen zu allen Titeln unter www.param-verlag.de